जय सियाराम

विंग कमांडर
धीरेन्द्र सिंह जफ़ा, वीर चक्र

वाणी
प्रकाशन
प्रकाशन के उत्कृष्टतम 61 वर्ष

vaniprakashan.com

सजिल्द पहला संस्करण : 2024

वाणी प्रकाशन

4695, 21-ए, दरियागंज, नयी दिल्ली 110 002

फ़ोन : +91 11 23273167, 23275710

शाखाएँ

अशोक राजपथ, पटना-800 004, बिहार

कॉफ़ी हाउस कैम्पस, महात्मा गांधी मार्ग, प्रयागराज-211 001, उत्तर प्रदेश

महात्मा गांधी अन्तरराष्ट्रीय हिन्दी विश्वविद्यालय, वर्धा-442 001, महाराष्ट्र

36/ए, शेक्सपियर सरणी, रानी बिरला गर्ल्स कॉलेज के पास, कोलकाता-700 017, प.बंगाल

sales@vaniprakashan.in
vaniprakashan@gmail.com

Jai Siyaram
by Dhirendra Singh Jafa

ISBN : 978-93-6287-679-9
Religion/Culture

मूल्य : ₹ 375

थॉमसन प्रेस (इंडिया) लिमिटेड में मुद्रित

वाणी प्रकाशन का लोगो मक़बूल फ़िदा हुसेन की कूची से

अनुक्रम

और माथे पर लम्बा लाल टीका लगवाकर दोस्तों के बीच खड़े होने तक ही सीमित रहती थी। वे उदारवादी थे, अपने हिसाब से धर्मनिरपेक्ष भी थे और अपने ही हिसाब से हर नाज़ुक स्थिति का हल भी निकाल लेते थे। केवल, समस्याओं को समझने में नादानी कर बैठते थे। एक तरह से वे धर्म की ज़मीनी हक़ीक़त से अनभिज्ञ थे, वे नहीं समझ पाये थे कि इस युग में हिन्दू और मुस्लिम दोनों धर्मों के अनुयाइयों के लिए सिद्धान्त के बजाय अस्तित्व का मसला ज़्यादा बड़ा था, अपने समाज के उत्थान की योजना बनाने के बजाय धर्म का भड़कीला प्रदर्शन अधिक आवश्यक था, भविष्य के बजाय भूतकाल अधिक महत्त्वपूर्ण था।

इसी प्रकार के एक क्रियाशील, साहसी युवक जितेन्द्र कालरा थे। एक युवा प्रधानमन्त्री के शासनकाल में उन्होंने यूरोप और अमरीका की प्रत्येक महत्त्वपूर्ण राजधानी में भारत की 'अनेकता में एकता' दर्शाने के लिए बड़ी-बड़ी प्रदर्शनियाँ लगायीं, जिनमें देश के कोने-कोने से सांस्कृतिक कार्यक्रम आदि पेश किये गये। उन्होंने ख्याति अर्जित की, धन अर्जित किया और राजधानी की आला बैठकों में भारत के सांस्कृतिक 'ज़ार' के नाम से उनका परिचय कराया जाने लगा। परन्तु अब सत्ता बदलने के साथ उनका दबदबा कमज़ोर पड़ने लगा था। वे घंटों एकान्त में विचार करते कि कैसे फिर प्रसिद्धि और प्रकाश में लौटा जाये। एक दिन उन्होंने एक मन्त्री जी का भाषण सुना, जिसमें राम जन्मभूमि-बाबरी मस्जिद के सन्दर्भ में हिन्दू-मुस्लिम एकता बनाये रखने की आवश्यकता की पुरज़ोर सिफ़ारिश की गयी थी। बस, कालरा जी को बैठे बिठाये मुद्दा मिल गया। यदि वे ऐसा कुछ कर दिखाएँ जो हिन्दू-मुस्लिम एकता का प्रतीक बन जाये तो भारत क्या, विश्वस्तर पर उनकी वाहवाही होनी सम्भव ही नहीं बल्कि निश्चित थी।

जितेन्द्र कालरा ने तुरन्त अपने कलात्मक मित्रों से परामर्श किया और अयोध्या के लिए एक योजना रच डाली। अन्त में वे दो ऐसे मित्रों को साथ लेकर, जो उनके अनुयायी तो रहें परन्तु प्रतिद्वन्दी कभी न बन पायें, उन्हीं मन्त्री जी के दरबार में हाज़िर हो गये। मन्त्री जी भी अपने लिए

किसी बड़ी उपलब्धि के इच्छुक थे। अतः उन्होंने कालरा जी को आशीर्वाद के साथ-साथ समस्त सुविधाएँ भी उपलब्ध करा दीं, केवल इस शर्त के साथ कि सही समय पर मन्त्री जी को सामने लाकर उनकी जय-जयकार अवश्य कराई जायेगी।

जितेन्द्र कालरा ने टेलीफ़ोन घुमाये और घुमवाये। फलस्वरूप वे अयोध्या के एक प्रतिष्ठित परिवार के मेहमान बन कर वहाँ पहुँच गये, मित्रगण भी साथ थे। उनके आग्रह पर परिवार के मुखिया ने अयोध्या और फ़ैज़ाबाद के प्रमुख हिन्दू एवं मुस्लिम नागरिकों की फ़ेहरिस्त पर नज़र डाली और ऐसे बीस लोगों को इंगित किया जो समाज में जाने-माने थे और अपनी-अपनी धार्मिक बिरादरी में परामर्शदाता एवं मार्गदर्शक की भूमिका में सक्रिय थे। इन सबको चाय की दावत दी गयी। यह जानने पर कि कुछ बाहरी लोग अयोध्या मसले पर विचार-विमर्श के इच्छुक हैं, सब आमन्त्रित महानुभाव समय से वहाँ पहुँच गये।

औपचारिक परिचय एवं मौसम की आवारागर्दी की चर्चा के पश्चात्, असलम साहब ने मेज़बान महोदय से पूछा, "तो हुक्म कीजिए, हम लोगों को कैसे याद फ़रमाया?"

पं. दीक्षित जी बोले, "दिल्ली से आये जितेन्द्र जी भारतीय संस्कृति विशेषकर हमारी सांझा संस्कृति के बड़े ज्ञाता हैं। हमारी पारम्परिक सभ्यता को आपने अनेक देशों में प्रदर्शनी, नाट्य, एवं संगीत के माध्यम से दर्शाया है और भारतीय संस्कृति के लिए अनुपम ख्याति एवं सम्मान अर्जित किया है। अयोध्या की हाल की दुःखद घटना से विचलित होकर जितेन्द्र जी एवं उनके साथी आप लोगों से परामर्श करने हेतु आये हैं कि अब क्या होना चाहिए, कैसे आपसी दूरियाँ सदा के लिए समाप्त की जायें, आपसी रिश्तों को कैसे नयी दिशा दी जाये। मैं यह भी बता दूँ कि देश के प्रभावशाली लोगों में, विशेषकर मौजूदा सरकार में, आपकी अच्छी पैठ है। जो विचार इनके माध्यम से प्रस्तुत किये जायेंगे, उनको क्रियान्वित करने में अड़चनें न आने की प्रबल सम्भावनाएँ हैं।"

जितेन्द्र जी की मौजूदा सरकार में पैठ होने का ज़िक्र सुन कर मुस्लिम

मेहमानों की भवें चढ़ गयीं। वे एक-दूसरे की ओर इशारतन देखने लगे। कुछ क्षणों के पश्चात् जलीली साहब ने कहा, "तो आपको सरकार की ओर से भेजा गया है? जब सब कुछ बर्बाद हो रहा था तो मर्कज़ी सरकार चुप्पी मारे बैठी थी। अब घावों पर मरहम लगाने का सोचा जा रहा है?"

जलीली साहब की आवाज़ और लहजे में मुसलमानों की हताशा और बेबसी झलक रही थी। जितेन्द्र जी ने जल्दी से कहना शुरू किया, "देखिए, मुझे सरकार ने यहाँ नहीं भेजा है। मुझे जिन्होंने यहाँ आने के लिए प्रेरित किया, वे अधिकांश मेरे मित्र और सहयोगी हैं। उनका राजनीति या पार्टियों से कोई लेना-देना नहीं है। वैसे आप भी जानते हैं कि सरकार की मदद के बिना कोई सार्वजनिक योजना पूरी नहीं की जा सकती है। सरकार किसी भी पार्टी की हो, उसकी मदद तो ज़रूरी होती ही है। इस सरकार में मेरे सम्बन्ध कुछ ऐसे लोगों से हैं जो शायद मुझसे भी ज़्यादा इस हादसे से दुःखी हैं और किसी भी क्रियात्मक प्रयास को बढ़ावा देने के इच्छुक हैं। इसलिए कृपया मुझे सरकारी क्रिया-कलापों से अलग मान कर ही आगे बढ़ें।"

मुस्लिम सदस्य ख़ामोश रहे। शायद वे जितेन्द्र जी के कांग्रेस एजेंट न होने की बात पचा नहीं पा रहे थे। बातचीत आगे बढ़ाने के प्रयास में ठाकुर देवदत्त जी ने कहा, "जो हो गया सो हो गया। यहाँ बैठे आप लोग समाज में विशिष्ट स्थान रखते हैं, आपकी पहल पर हज़ारों लोग दिशा पकड़ते हैं। और अन्त में अयोध्या-फ़ैज़ाबाद वासियों को ही साथ रहना है, बाहरी लोग तो ख़ुराफ़ात करके अपने-अपने घर निकल जायेंगे। इसलिए हम लोगों को भविष्य निर्माण की चेष्टा अवश्य करनी चाहिए।"

ठाकुर देवदत्त उन चन्द बड़े, प्रभावशाली लोगों में थे जिन्होंने मस्जिद विध्वंस से ऐलानिया अपने को अलग रखा था। मुस्लिम समुदाय में उनका आदर था। इनसे पृथक देवधर त्रिपाठी सोचते थे कि उनका हाथ हमेशा जनता की नब्ज़ पर रहता था और वे जो कहें उसको जनता की आवाज़ मानने में ही सबकी भलाई सुनिश्चित हो सकती थी। वे किसी भी विषय में निष्कर्ष पर पहुँचने और समस्या का समाधान ढूँढ़ने के लिए उतावले

भी हो जाते थे। बोल पड़े, “मेरे मुस्लिम भाई बुरा न मानें, इतना बड़ा कांड जनमानस के दृढ़ निश्चय के बिना नहीं हो सकता था। आख़िर देश के अस्सी प्रतिशत लोग, जिनकी संख्या करोड़ों में होगी, उनका एक मसले पर एकजुट होना मायने रखता है। व्यवस्था जो भी हो उनकी इच्छाएँ तो सर्वोपरि रखनी ही होंगी।”

नौशाद साहब इस विचार को बिना चुनौती दिये नहीं रह सकते थे। वे बोले, “जनाब, इस अस्सी प्रतिशत के सत्तर फ़ीसदी तो जानते ही नहीं कि बाबरी मस्जिद-राम जन्मभूमि है कहाँ और यह मसला है क्या? उनके लिए तो सारी अयोध्या राम जी की है। वे अपने भगवान की व्यापकता समझते हैं, उसमें विश्वास रखते हैं, बचे दस फ़ीसदी ही फ़र्क़ तरीके से सोचते हैं। इन्हीं में दिमाग़ी तंगहाली नज़र आती है।”

इस बाबत अखिलेश दास अपना दृष्टिकोण सबको पहले से ही समझा रहे थे। उन्होंने तुरन्त कहा, “जनाब, इन्हीं सत्तर फ़ीसदी में से एक अनपढ़ी महिला की राय आपको सुना दूँ, सब कुछ स्पष्ट हो जायेगा। पिछले साल अयोध्या परिक्रमा करने मैं भी निकला था। मेरे बगल एक गाँव की महिला चल रही थी। एक हाथ में छोटा बच्चा और दूसरे में एक रस्सी जिसमें बँधी उसकी बकरी चल रही थी। मुझसे रहा न गया और पूछ बैठा, “बच्ची, इस बकरी को भी परिक्रमा करा रही हो?”

बिना हिचकिचाए, शान्त भाव से उसने उत्तर दिया, “कमबखत रस्सी तुड़ा के पीछे-पीछे भाग आयी। अब का करी? सोचित हैं जाके भाग भी परबल हैं।”

कुछ दिन बाद मैं अयोध्या गया, लौटते समय सोचा कि जन्मभूमि के दर्शन भी करता चलूँ क्योंकि वहाँ का ताला हाल ही में खुला था और आम लोग गर्भगृह तक जा सकते थे। जैसे ही मैंने बीच के गुम्बद में प्रवेश किया, मुझे वही परिक्रमा वाली महिला दिखी। वह कुछ उत्तेजित सी थी और रामलला की मूर्ति को कभी सामने से देखती, कभी बायें से तो कभी दायें से। उसने मुझे देखते ही पहचान लिया और झट से मेरा हाथ पकड़ कर बोली, “बाबू, देखो, जहीं जन्मे थे कौसल्या जी ने। जहीं भगवान जन्मे

थे।” उसकी बोली में उत्तेजना थी और चेहरे पर अटूट विश्वास की आभा थी। अब आप ही बताइए कि उस सत्तर फ़ीसदी को आप क्या समझा सकते हैं? एक तरफ़ भगवान का स्थान, दूसरी तरफ़ एक बादशाह का बनाया धर्मस्थल जिसकी कोई अन्य विशेषता नहीं। किसी पीर-पैगम्बर से सम्बन्ध नहीं। वैसे हमारी-आपकी राय से कोई फ़र्क़ पड़ने वाला नहीं है, फिर भी इस तथ्य को ध्यान में रखना लाभप्रद होगा।

जितेन्द्र कालरा समझ रहे थे कि धार्मिक विषयों पर इस तरह की बहस आख़िर में निरर्थक ही साबित होती है, हर कोई अपनी ही बात ऊँची रखता है, दूसरे की सुनने को तैयार नहीं होता, आस्था भी उन्माद और अहंकार का रूप ले लेती है। अतः अपने मक़सद का ध्यान रखते हुए उन्होंने कहा, “आप सभी लोग विचारशील हैं और मुझे उम्मीद है कि देशहित आपके विचारों में अवश्य सर्वोपरि होगा। नौशाद साहब ने भगवान की व्यापकता के विषय में जो कहा उसमें बहुत वज़न है। आख़िर ख़ुदा को, ईश्वर को, मस्जिद-मन्दिर में ही क्यों सीमित किया जाये? वैसे भी अब हम लोग इक्कीसवीं सदी में प्रवेश करने वाले हैं। हमें इस सब से ऊपर उठ कर सोचना होगा। आख़िर देश और समाज के हित में क्या है—आपसी वैमनस्य, ख़ूनख़राबा, या एक नयी पहल, एक नया निर्माण जिसमें सभी समाहित हो सकें।”

जलीली साहब बोले, “ज़रा साफ़ कीजिए, यह नया निर्माण, नयी पहल...यह इशारा किस तरफ़ है?”

जितेन्द्र कालरा ने अपने साथ आये एक सज्जन की ओर देख कर कहा, “यह माधव बाबू हैं, एक बड़े कलाकार, पेंटर और फ़ोटोग्राफ़र। इनकी कृतियाँ दुनिया भर में प्रदर्शित की जा चुकी हैं। आप इन्हीं से सुनिये कि बड़े-बड़े विद्वान, धर्मज्ञाता एवं धर्मनिरपेक्ष लोग इस विषय पर क्या सोचते हैं।”

उपस्थित लोगों में से कई माधव बाबू की कृतियों से वाक़िफ़ थे, हालाँकि उनको पहली बार ही देख रहे थे। वे सहज सम्मान से माधव बाबू की ओर मुख़ातिब हुए।

माधव बाबू ने हाथ जोड़ चारों ओर नमस्कार किया और बोलना आरम्भ किया, "देखिये, यह मन्दिर-मस्जिद विवाद स्वतन्त्र भारत की सबसे ज्वलन्त समस्या बन चुका है। देश के शीर्षस्थ सांस्कृतिक क्षेत्रों में इस पर अनेक चर्चाएँ हुई हैं। सभी स्वीकार कर रहे हैं कि अब समय आ गया है जब धर्म को असहिष्णुता से ऊपर उठाने की आवश्यकता है। कम से कम अब ऐसा कोई निर्माण आदि न किया जाये जो भविष्य में उन्माद और वैमनस्य को बढ़ावा दे सके। प्रयत्न तो यह होना चाहिए कि धार्मिक अनुष्ठान आज के अस्तित्व वाले मन्दिर-मस्जिद तक ही सीमित रहें। भविष्य में केवल ऐसी धरोहरों को प्रोत्साहित किया जाये जो आपसी भाईचारा और दया भाव से प्रेरित हों और इन्हीं मूल्य-मान्यताओं की पुष्टि करें। आप समाज के पुरोधा हैं, अपनी सूझबूझ से सुझाव दीजिए कि इस मसले को किस दिशा में ले जाया जाये, इस स्थान पर क्या किया जाये जो समस्त समाज के हित में हो।"

देवधर त्रिपाठी तुरन्त पूछ बैठे, "आपका आशय है कि जन्म स्थान पर मन्दिर के अलावा कुछ और बनवाया जाये?"

"यह तो आप ही लोग निश्चय करेंगे।" माधव बाबू ने कहा, "मन्दिर बने या मस्जिद बने, यदि दोनों न बन सकें तो तीसरा क्या बने।"

सम्मिलित लोगों में सन्नाटा छा गया। कोई भी अपने विचार अन्यों से पहले स्पष्ट करने का इच्छुक नहीं था। कुछ क्षणों बाद जितेन्द्र कालरा के दूसरे साथी बोले, "देखिये, दिल्ली में चर्चाएँ चल रही हैं कि इस स्थान पर कुछ ऐसा निर्माण किया जाये जो किसी एक समुदाय का न हो, बल्कि सभी का हो। जहाँ पहुँचकर हर कोई शान्ति महसूस करे, उसका मन प्रसन्न हो और वह सबके भले की सोचे। एक ऐसे सुन्दर, रमणीक स्थल का निर्माण हो जहाँ बाग-बगीचे हों, फ़व्वारे हों, जीव-जन्तु विचर रहे हों, जहाँ सृष्टि के आनन्द में लीन होकर जन-मानस सृष्टिकर्ता को साधुवाद दे सके और पूरी सृष्टि में आत्मीयता का बोध कर सके।"

जलीली साहब ने चुटकी ली, "जनाब ख़याल तो बहुत ख़ूबसूरत है... ।"

जितेन्द्र कालरा इस परिचर्चा को हलका नहीं होने देना चाहते थे। उन्होंने तुरन्त मोर्चा सँभाला, "यह आप स्थानीय लोगों पर निर्भर करता है कि उस स्थल का किस प्रकार, किस आशय से उपयोग किया जाये। कुछ लोग सोचते हैं कि इस स्थान पर एक विशाल आयुर्वेद संस्थान एवं अनुसन्धान केन्द्र बनाया जाये जिसकी जनता को विशेष आवश्यकता है, पूर्वांचल में ऐसा कोई संस्थान है भी नहीं। कुछ अन्य लोगों का मत है कि इर्द-गिर्द की और भूमि को मिलाकर एक सर्व-धर्म स्थल बनाया जाये जहाँ एक मन्दिर, एक मस्जिद, एक गुरुद्वारा और एक चर्च हो, सभी धर्मों के लोग एक ही प्रांगण में अपने ईश का स्मरण करें, सद्भाव और सहिष्णुता का आदर्श प्रस्तुत करें।"

जितेन्द्र कालरा रूके और श्रोताओं को निहारने लगे। सब लोग ख़ामोश थे, अपने-अपने ख़यालों में डूबे थे। जितेन्द्र कालरा जी समझ बैठे कि उनके सुझावों पर गम्भीरता से मंथन हो रहा है। वे आगे बढ़ने के लिए प्रेरित हो गये।

बोले, "एक सुझाव और भी है जो स्वयं मुझे भी भाता है। मैं कल्पना करता हूँ एक विशालकाय स्तम्भ की, जिसका शिखर आसमान की बुलन्दियों तक पहुँच रहा हो। इसका आधार चौमुखी हो और ऊपर की ओर संकीर्ण होता चला जाये। इसके चौमुखी आधार पर चारों धर्मों के ख़ास वाक्य, श्लोक, चौपाइयाँ, आयतें आदि खूबसूरत पत्थरों पर नक़्क़ाशी द्वारा लिखाई जायें। सम्भव हो तो श्लोकों, आयतों के अनुवाद भी प्रदर्शित किये जायें। एक ही स्तम्भ के चारों ओर खड़े होकर चारों धर्मों के अनुयायी अपने-अपने हिसाब से ईश के ध्यान में एक साथ लीन हों। अनेकता में एकता की मिसाल इससे बढ़कर और क्या हो सकती है?"

"वाह-वाह, क्या बुलन्द ख़याल है"—जलीली साहब फिर चुप न बैठ सके।

जितेन्द्र कालरा को जैसे फिर प्रेरणा मिल गयी, वे और आगे बढ़े, "यही नहीं, यह स्तम्भ तो केन्द्र में होगा, सुन्दर हरी घास से घिरा, बाहर की ओर चार सुन्दर छतरियाँ बनेंगी जहाँ बैठकर इस शान्त वातावरण का

आनन्द लिया जा सके। उसके चारों ओर विशाल बगीचा, फ़व्वारों और रंगीन रोशनी से जगमग। और दो-ढाई सौ मीटर हट कर चार भव्य भवन जिनमें चारों धर्मों के ग्रन्थों का संग्रह, म्यूज़ियम एवं प्रदर्शनी की व्यवस्था, और सबसे आधुनिक उपकरणों से लैस शोध संस्थान जहाँ विद्वानों और धार्मिक गुरुओं का निरन्तर आना-जाना लगा रहे।"

जितेन्द्र कालरा अन्ततः रुक ही गये। दो-चार लम्बी साँस लेने के पश्चात् वह स्वयं में प्रफुल्लित होकर कमरे में उपस्थित लोगों की ओर देखने लगे। परन्तु प्रत्याशित उत्साह की जगह उन्हें दूसरी ओर भी लम्बी साँसों की सरसराहट ही सुनाई दी। उसके बाद एक अभेद्य सन्नाटा। यहाँ तक कि जलीली साहब भी कुछ न बोले।

देवधर जी अजीब सा मुँह बनाये ज़मीन पर आँखें गड़ाये बैठे रहे। पल-पल यह ख़ामोशी एक बोझ बनती जा रही थी। लगता था कि अयोध्या-फ़ैज़ाबाद का प्रत्येक उपस्थित व्यक्ति इस बोझ को धक्के से अलग कर उस कमरे से बाहर निकलना चाहता था।

ख़ामोश बैठे लोगों में जब कुछ बेचैनी सी होने लगी तो मेज़बान पं. दीक्षित जी को शक हुआ कि सब लोग उठकर चल न दें। वे हर एक की रग-रग से वाक़िफ़ थे और समझ रहे थे कि दिल्ली की टीम के विचार अप्रत्याशित तो थे ही, कुछ बचकाना और ज़मीनी सच्चाई से भी परे थे। फिर भी जितेन्द्र कालरा और उनके साथी मेहमान थे, उनको सहजता से ही विदा करना उचित था। अतः उन्होंने कहा, "देश के अन्य तबक़े क्या सोचते हैं, उनके इस विषय में क्या विचार हैं, यह आपने अभी सुना। अभी तो यह विचार प्रारम्भिक चरण में ही होंगे और इनमें शोधन एवं परिमार्जन अवश्य होगा। इसलिए मेरा सब उपस्थित सज्जनों से अनुरोध है कि अपने विचारों से जितेन्द्र जी को अवश्य अवगत कराएँ।"

उखड़ती महफ़िल थम गयी। अखिलेश दास जी चुप्पी तोड़ते हुए बोले, "जैसा पहले भी स्पष्ट हो चुका है, यह मसला आस्था से जुड़ा है। हमारे-आपके इस भव्य कमरे में गुफ़्तगू करने से इसका हल निकल सकेगा?"

देवधर त्रिपाठी ने तुरन्त कहा, "जी, एक तरफ़ अस्सी प्रतिशत जनता की आस्था, दूसरी ओर बीस प्रतिशत की। क्या हम इतने बड़े समुदायों की नुमाइन्दगी कर सकते हैं, उनकी तरफ़ से हामी भर सकते हैं?"

"लेकिन अपनी ज़ाती राय तो दे सकते हैं?" पं. दीक्षित ने आग्रह किया। परन्तु फिर वही ख़ामोशी। अन्त में दीक्षित जी ने प्रार्थना-भाव से ठाकुर देवदत्त की ओर देखा। दीक्षित जी का आशय इस समय केवल मेहमानों को अवहेलना से बचाते हुए मीटिंग को समाप्त कराने का था, परन्तु वे चूक कर बैठे। आवश्यकता तो नौशाद साहब जैसे शीरीं-ज़बां व्यक्ति की थी जो शब्दों के जाल बिछा कर सबको मन्त्रमुग्ध कर सकता और कोई ख़ास विकल्प भी न उभरने देता। ठाकुर साहब को लाग लपेट पसन्द नहीं थी, सीधी सच्ची बात करते थे।

वे बोले, "उपस्थित लोगों की अपनी-अपनी राय अवश्य होगी, होनी भी चाहिए, समाज में रहकर यह मुमकिन नहीं है कि गंगू तेली से लेकर बादशाह-ए-आज़म तक कोई ऐसे ज्वलन्त मुद्दे पर विचार न करे और अपनी आन्तरिक इच्छा से अनभिज्ञ हो। तो लीजिए, यही पूछ लेते हैं कि यहाँ बैठे लोग क्या चाहते हैं। बोलिए जलीली साहब, आप उस स्थान पर किस क़िस्म का निर्माण देखना चाहेंगे?"

जलीली साहब सामने देखते रहे, परन्तु बोले कुछ भी नहीं। कुछ क्षणों बाद ठाकुर देवदत्त ने अखिलेश दास जी से वही सवाल किया। वे भी मौन धारण किये बैठे रहे।

देवदत्त जी ने कहा, "जनाब, हमारे मुस्लिम बिरादरान को कुरेदिये, उनके मन में झाँकिए, एक स्वर से वे सब यही कहेंगे कि उस स्थल पर वे मस्जिद, केवल मस्जिद देखना पसन्द करेंगे। और त्रिपाठी जी और उनके धर्मावलम्बी वहाँ केवल राममन्दिर की कल्पना कर सकते हैं, यह बगीचे, फ़व्वारे, आकाश छूते स्तम्भ, यदि उस एकल मस्जिद या मन्दिर का हिस्सा हों तो मंज़ूर हैं, अन्यथा आप लोग अपने ख़्वाब अपने पास रखें।"

फिर एक सन्नाटा। दिल्ली से आये लोग स्तब्ध थे, उनके मंसूबों पर इन छोटे शहरों की मानसिकता वालों ने पानी डाल दिया था। सन्नाटे को

तोड़ते हुए स्वयं ठाकुर साहब ने कहा–'यदि यहाँ उपस्थित हर कोई हिन्दू या मुसलमान भाई मुझसे इत्तफ़ाक़ न करता हो तो आगे आये।'

जलीली साहब ने, "बेशक, बेशक"–कहते हुए सबको फ़र्शी सलाम बजाया और कमरे के बाहर हो गये। उनके पीछे सभी औपचारिकता निभाते हुए वहाँ से चल दिये।

* * * * *

मन्त्री जी ने जितेन्द्र कालरा की रिपोर्ट सुनी, उस पर कोई टिप्पणी नहीं की। अन्त में अपनी चुप्पी तोड़ते हुए बोले, "चलिए, देखा जायेगा।" वे उठकर कमरे से चले गये। जितेन्द्र जी और उनके सहयोगी अवाक् रह गये, फिर धीरे-धीरे वे भी बाहर हो लिए।

अयोध्या में दो एक दिन दिल्ली के सुझावों पर चर्चा हुई और फिर बात आई-गई हो गयी। इस समय कुछ अग्रणी हिन्दू संगठन रामलला के विषय में समय-समय पर केवल बयानबाज़ी करके अपनी उपस्थिति दर्ज करा रहे थे। यह कि रामलला टीन टारपोलीन के नीचे गरम हवाओं के थपेड़े खा रहे हैं या आँधी-पानी से उनके वस्त्र भीग जाते हैं, अनगिनत कठिनाइयों और कष्टों को हमारे आराध्य झेल रहे हैं, यह कि हिन्दू देश में उनकी ऐसी अवहेलना असहनीय होती जा रही है...वग़ैरह, वग़ैरह। परन्तु ज़बांख़र्च के अलावा रामलला के लिए कोई कुछ नहीं कर रहा था। वास्तव में हिन्दू जन-मानस इसी में सन्तुष्ट था कि उस स्थान से बाबरी मस्जिद की एक-एक ईंट का सफ़ाया हो चुका था। गर्मी-सर्दी-बरसात में रामलला के कष्टमयी होने से आम हिन्दू को ख़ास फ़र्क़ नहीं पड़ता था। वैसे भी भगवान के लिए सर्दी-गर्मी-बरसात का क्या महत्त्व, एक पीपल के वृक्ष के नीचे रखे पत्थर में जब महाशिव परम आनन्द में विराज सकते हैं तो उनके लिए मन्दिर या शिवालय का अभाव हिन्दू जन-मानस को अधिक उत्तेजित नहीं करता।

हिन्दुओं की ओर से मन्दिर निर्माण के लिए किसी प्रकार की उनमत्तता न देख दिल्ली में बैठे राजनीतिज्ञ समझ गये कि आन्दोलन शिथिल पड़ गया है। मन्त्री जी ने फिर मन बनाया कि अयोध्या में कोई नयी पहल

की जाये। अयोध्या मसले के हल से उनकी प्रतिष्ठा में चार चाँद लगने तो निश्चित थे ही, क्या ठीक कि ऐसी उपलब्धि उन्हें सीधे राजनीतिक शिखर पर ले जाये। मन्त्री जी के अतिरिक्त दिल्ली के गलियारों में अनेक ऐसे लोग थे जो इस स्थिति से हर सम्भव लाभ अर्जित करने के प्रयास में थे। वे इसी प्रकार की अशान्त, आन्दोलनरत परिस्थितियों की तलाश में रहते थे जिनको चटपट भुनाया जा सके। ऐसी ही दिल्ली की एक संस्था थी जिसके कर्ताधर्ता अपने को वामपन्थी विचारधारा के बताते थे। वामपन्थी होने का सीधा मतलब आँख बन्द कर अमेरिका की ख़िलाफ़त, चीन की हिमायत, देश के अन्दरूनी मामलों में मुस्लिम-परस्ती और हिन्दू हितों का कठोर विरोध। इस समय संस्था की अग्रणी दूत एक महिला थीं–युवा, आकर्षक और मुस्लिम, यानी तमीज़, तहज़ीब से ओतप्रोत। मतलब यह कि उनके लिए हर दरवाज़ा खुल जाना सहज और स्वाभाविक था। दिल्ली के एक समारोह में वे मन्त्री जी तक पहुँच गयीं। चुनिन्दा शब्दों में उन्होंने हिन्दू-मुस्लिम सद्भाव की आवश्यकता का, विशेषकर अयोध्या में, ऐसा तानाबाना बुन डाला कि मन्त्री जी प्रभावित होने से न बच सके। उन्होंने तुरन्त एक योजना प्रस्तुत करने की अनुमति दे दी।

योजना के तहत फ़ैज़ाबाद शहर में 'राम-कथा' विषय पर एक प्रदर्शनी लगेगी। पूरे सप्ताह उसी विषय पर गोष्ठियाँ, वक्तव्य, मुशायरे और कवि सम्मेलन होंगे। आशा थी कि स्थानीय जनता एवं आस-पास के शहरों के श्रद्धालु, बुद्धिजीवी, रसिक उन कार्यक्रमों का आनन्द लेने के लिए उमड़ पड़ेंगे और पूरे एक सप्ताह फ़ैज़ाबाद शहर अद्भुत भाईचारा और श्रेष्ठ अनुभूतियों से ओतप्रोत रहेगा। इस कार्यक्रम की समाप्ति अयोध्या में सरयू तट पर एक भव्य, अविस्मरणीय संगीतमयी शाम से होगी जिसमें समस्त भारत के शीर्षस्थ गायक, वादक, नृत्यांगनाएँ अपनी-अपनी कला प्रस्तुत करेंगी। कलाकार वैसे भी संकीर्णता और साम्प्रदायिकता से परे होते हैं, अयोध्या में अपनी कला प्रदर्शित करने से वे न केवल स्वयं को धन्य महसूस करेंगे वरन् सबको अहसास करा देंगे कि पावन अयोध्या में किस प्रकार समस्त धर्मों, सब वर्गों के लोग अपने से ऊपर उठकर परमानन्द

की आंशिक अनुभूति करते हैं—यही है अयोध्या का तेज, अयोध्या का आकर्षण, अयोध्या की इनसानियत को देन; अयोध्या हम सब की है, अयोध्या के आशीर्वचन से कोई वंचित नहीं रखा जा सकता, न हिन्दू, न मुसलमान, न जैन, न बौद्ध, न सिख, न नास्तिक, न ब्राह्मण, न दलित।

लिखित रूप में यह सब पढ़कर मन्त्री जी मन्त्रमुग्ध हो गये। उनकी धर्मनिरपेक्षता तो जगज़ाहिर थी ही और समय-समय पर वे अन्य शिगूफ़े भी छोड़ते रहते थे जिससे मुस्लिम समाज उनको एक सरपरस्त के रूप में देखता रहे। यदि अयोध्या में कामयाबी हासिल हो गयी तो वे अवश्य गाँधी जी की क़तार में खड़े होने लायक हो जायेंगे। बस, इस योजना का प्रस्तावित बजट देख कर उन्हें एक झटका अवश्य लगा। कुछ देर मौन विचार किया, परन्तु योजना के दूरगामी परिणामों की कल्पना ने उन्हें बजट स्वीकार करने को मजबूर कर दिया। बस इतना कहा, "आपकी मुँहमाँगी रकम दी जा रही है, किसी किस्म की कमी न रह जाये, बड़े कलाकरों को बुलाने में अथवा आमन्त्रित विशेष व्यक्तियों की देखभाल में। और हाँ, मीडिया और हर वर्ग के शीर्षस्थ धर्मगुरुओं की उपस्थिति अवश्य सुनिश्चित करें।"

मोहतरमा ने खड़े होकर नज़ाकत से 'आदाब' किया और मन्द मुस्कान से खिला चेहरा लेकर कक्ष से बाहर हो गयीं। योजना को सूत्रित करते समय उन्होंने एक टीम एकत्रित कर ली थी, अब उन्हें स्पष्ट निर्देश देना बाक़ी था जिससे वे प्रदर्शनी के लिए अधिक से अधिक सामग्री एकत्रित करना आरम्भ करें। संगीतकारों, कलाकरों की फ़ेहरिस्त, उनसे सम्पर्क, उनकी अयोध्या में उपस्थिति तो मोहतरमा को स्वयं ही सुनिश्चित करनी थी। मन्त्रालय से धन प्राप्त करने के लिए उनके साथ कुछ मँजे हुए लोग थे ही, वे अपना काम पूरा करने में तुरन्त लग गये।

प्रदर्शनी फ़ैज़ाबाद में लगी, विषय था 'अयोध्या'। इसके लिए आवश्यक एवं अति सराहनीय शोध किया गया। भारत के कोने-कोने से यहाँ तक कि थाईलैण्ड और इण्डोनेशिया से, राम कथा पर आधारित ग्रन्थों से सामग्री एकत्रित की गयी। महत्त्वपूर्ण अंशों को पोस्टर, रेखाचित्रों द्वारा

प्रस्तुत किया गया। अन्तिम रूप में प्रदर्शनी भव्य थी, उसके लिए किया गया शोध एवं परिश्रम साफ़ झलकता था।

बस, इस प्रयास में एक विसंगति, एक बेसुरी तान न जाने कैसे शामिल हो गयी। आयोजकों ने एक बौद्ध जातक कथा को विशिष्ट तौर से प्रस्तुत किया जिसमें राम और सीता का वर्णन भाई-बहन के रूप में था। आयोजकों के अनुसार दशरथ-जातक नाम के प्राचीन बौद्ध ग्रन्थ में इस दम्पत्ति के सम्बन्ध भाई-बहन के रूप में दिखाये गये हैं और बताया गया है कि इन दोनों ने सोलह हज़ार वर्षों तक राज किया था। आयोजकों की टिप्पणी के अनुसार यह वर्णन बौद्धों की एक ख़ास परम्परा को स्थापित करता है और इसी से राजवंश की वंशशुद्धता एवं सर्वोच्चता स्थापित होती है। इस ग्रन्थ में राम को बोधिसत्व और उसी वंश का माना गया है जिस वंश के बुद्ध थे।

हिन्दू संगठन पहले से ही इस प्रयास को शक की नज़र से देख रहे थे। उन्हें मनचाही सामग्री उस बौद्ध कथा के रूप में मिल गयी। प्रदर्शनी के पहले दिन ही पन्द्रह-बीस युवक 'जय श्रीराम' का उद्घोष करते हुए हॉल में घुसे और देखते ही देखते सारे पोस्टरों, रेखाचित्रों को फाड़ कर, मेज़-कुर्सियों को ध्वस्त कर वहाँ से चल दिये।

सृष्टिकर्ता राम और जगत्जननी उनकी अर्द्धांगिनी सीता को भाई-बहन के रूप में दर्शाना संवेदनहीनता की पराकाष्ठा तो थी ही, परन्तु बाद में भी स्पष्ट नहीं हो पाया कि इसका कारण आयोजकों की अज्ञानता थी, असावधानी थी, या केवल एक साधारण भूल। परन्तु अधिकांश लोगों के अनुमान में यह छद्म-धर्मनिरपेक्ष, वामपन्थी विचारधारा से प्रेरित एक षड्यन्त्र था, यह दर्शाने के लिए कि हिन्दू धर्म में अनगिनत देवी-देवता, और अनगिनत विचारधाराएँ हैं जिनसे हिन्दू समाज पूर्णरूप से भ्रमित रहता है और कोई स्पष्ट रूपरेखा तैयार नहीं कर पाता है। सच्चाई जो भी रही हो, मन्त्री जी के प्रयास को पहले ही दिन एक बड़ा झटका लग गया। साम्प्रदायिक सन्तुलन गड़बड़ा गया और पन्द्रह अगस्त को अयोध्या में आयोजित संगीत-सन्ध्या के विषय में आशंकाएँ उत्पन्न होने लगीं।

अनुमान लगाया जा रहा था कि अयोध्या का साधुसमाज इस आयोजन को अवश्य विफल कर देगा, चाहे बहिष्कार से, चाहे उपद्रव से। हिन्दू समाज में मन्त्री जी की छवि एक कर्मठ मुस्लिम तुष्टिकर्ता के रूप में बन चुकी थी। अतः उनके क्रिया-कलाप सदैव सन्देहास्पद होते थे। और अब ऐसी भोंडी, अक्षम्य प्रदर्शनी के पश्चात् संगीत समारोह में उनकी प्रत्याशित उपस्थिति किसी अपशकुन की परिचायक जैसी प्रतीत होने लगी थी।

संगीत समारोह का दिन आख़िर क़रीब आ गया। एक दिन पहले से फ़ैज़ाबाद आने वाली रेलगाड़ियों में दिल्ली, मुम्बई, भोपाल के यात्रियों की संख्या कुछ अधिक ही दिखाई देती थी। इनमें मर्द कम और महिलाएँ बहुतायत में थीं। मर्द एक तरफ़ से खादी के रंगीन कुर्तों और सफ़ेद पाजामों में, कन्धे पर खादी का झोला लटकाए, हाथ में एक छोटा बैग पकड़े प्लेटफ़ार्म पर अपने-अपने समूह में खड़े दिखते थे। महिलाएँ अधिकतर तीस से चालीस की उम्र की थीं। उनके लिए यह एक विशेष अवस्था होती है जब बच्चे बड़े हो चुके हों, पतिदेव कई तरक्कियाँ प्राप्त कर चुके हों, और कम से कम बारह घंटे दफ्तर में बिताते हों, साथ ही रुपये-पैसे एवं समय का अभाव न हो। उनके लिए यह वह समय होता है जब वे अपनी दबी हुई इच्छाओं की पूर्ति के लिए सकारात्मक क्षेत्र तलाशती हैं और अपनी संकल्पना तथा नारी वर्ग की संवेदनशील कोमलता के अनुसार धार्मिक, सांस्कृतिक एवं राजनीतिक क्रिया-कलापों की ओर न केवल आकर्षित होती हैं बल्कि इन क्षेत्रों की अग्रणी मोर्चा सँभालने वाली श्रेष्ठ कार्यकर्त्रियाँ भी बनती हैं। फ़ैज़ाबाद आने वाली महिलाएँ इसी श्रेणी की थीं। यह भी खादी के रंगीन कुर्तों, खादी के झोलों से सुसज्जित थीं। वस्त्र देखने में सादे अवश्य लगते थे, परन्तु विशेष खादी के थे और प्रसिद्ध डिज़ाइनरों द्वारा निर्मित थे। हैंडबैग और सूटकेस शुद्ध कोमल चमड़े के, भवें, हाथ-पैर के नाख़ून ख़ूबसूरती से तराशे हुए, बालों की छवि पाँच-सितारा सलूनों में विशेष शैम्पू एवं सेटिंग से निखारी हुई, हाथों और गलों में रंगीन पत्थरों के चाँदी में जड़े आभूषण, जिनकी कीमत पदार्थ के बजाय उनके निर्माता की प्रसिद्धि से आँकी जाती है, पैरों में तीन-तीन

परन्तु आयोजकों को तो मन्त्री जी की शान में क़सीदे पढ़ने ही थे। सारा कार्यक्रम, मीडिया में वाह-वाही, सारा रुपया-पैसा, यह सब उनकी ही नज़रे-इनायत से था, और इंशा-अल्लाह आगे भी होना था। कार्यक्रम शुरू होते ही मन्त्री जी की उपस्थिति की घोषणा हो गयी, उनकी तारीफ़ में अभी कुछ ही शब्द कहे गये थे कि यकायक पूरे मैदान में खलबली मच गयी। जगह-जगह टुकड़ियों में खड़े लोग 'जय श्रीराम' के नारे लगाने लगे। हाथों के सोंटे हवा में उठने लगे, तत्पश्चात अन्य नारे लगने लगे—'मन्त्री अधर्मी है, मन्त्री चोर है, मन्त्री वापस जाओ, वापस जाओ... ।'

एक इशारे पर अर्द्धसैनिक बलों के जवान उठ खड़े हुए। उन्होंने साधुओं को समारोह स्थल से बाहर ढकेलना शुरू किया। जवानों की संख्या बहुत अधिक थी, साधु साहिबान उनके सामने टिक न सके। केवल पाँच-सात मिनट में शान्ति स्थापित हो गयी। आयोजकों और संगीत प्रेमियों ने राहत की साँस ली। देवदत्त जी ने अपने साथियों सहित अग्रणी पंक्ति की कुर्सियों पर कब्ज़ा कर लिया, फिर औरों की तरफ़ मुड़ कर कहा, "आइये, अब इस शाम का आनन्द लिया जाये... ।"

प्रोग्राम दोबारा आरम्भ हुआ। सर्वप्रथम नेहरू जी का 'ट्रिस्ट विद डेस्टिनी' भाषण टेप से लाऊडस्पीकर पर सुनवाया गया। कुछ स्थानीय युवा पत्रकार एक-दूसरे से पूछते सुने गये—कौन से नेहरू? ...अरुण...? ... इसका हिन्दी अनुवाद मिल जायेगा? आदि, आदि। (अरुण नेहरू हाल ही में प्रसिद्धि प्राप्त कर चुके थे, रामलला के मन्दिर के द्वार खुलवाने का श्रेय उन्हीं को गया था) उसके पश्चात् सभी कलाकारों ने एक साथ सैकड़ों दीप प्रज्ज्वलित किये और उनका प्रवाह मंच के पीछे बहते सरयू जल में किया। अपने आप में यह सरयू मैया के प्रति एक भव्य, प्रतीकात्मक आरती थी। सभी दर्शकों ने इसकी भरपूर सराहना की।

मंच पर सर्वप्रथम दक्षिण भारत से आये सुप्रसिद्ध मृदंगम वादक श्री शिवरामन का कार्यक्रम हुआ। उनके तुरन्त बाद भारत के सर्वश्रेष्ठ पखावज वादक अयोध्या निवासी स्वामी पागलदास जी को मंच पर आमन्त्रित किया गया। सारे श्रोतागणों ने एक साथ खड़े होकर उनका अभिवादन किया।

वे इसी माटी के थे, साधु परम्परा में संगीत द्वारा भगवत् अर्चना के प्रतीक थे। इन दोनों के वादन से श्रोतागण आनन्दमय हुए, और उसके बाद पं. किशन महाराज का तबला वादन और गिरिजा देवी के गीतों ने उन्हें पूर्ण रूप से मन्त्रमुग्ध कर दिया। बीच-बीच में श्रीनिवास जी का मेंडोलिन सुना गया, देवदास जी का बाऊल गान और बिहार एवं कलकत्ता से आये कलाकारों के लघु नाटक देखे गये। गुरु कालीचरन महापात्र और उनकी शिष्या माधवी मुद्गल के उड़ीसा नृत्य की बड़ी प्रशंसा हुई। अयोध्या में सरयूतट पर ऐसे श्रेष्ठ संगीतकारों को एक साथ प्रस्तुत करना एक बहुत असहज कार्य था। इसकी जितनी सराहना की जाये, उतनी कम ही बैठेगी। खेद यही कि उन परिस्थितियों में जन-मानस इसका आनन्द न ले सका।

अब सुबह के चार बज चुके थे। थोड़े ही समय में अयोध्या के मन्दिरों में सुप्रभात की वेला आने वाली थी। इस समय आयोजकों ने बड़ी बुद्धिमानी से कत्थक की शीर्षस्थ नृत्यांगना सितारा देवी जी को कार्यक्रम प्रस्तुत करने के लिए आमन्त्रित किया। वे अब बहत्तर वर्ष की हो चुकी थीं। नृत्य में, विशेष-कर लय और ताल में, उनका कोई सानी नहीं था। श्रोतागण मन ही मन विचार कर रहे थे कि उम्र से धीमे पड़े उनके पैर अब कला के किस अंश का प्रदर्शन करेंगे। परन्तु सितारा देवी ने हर मंच पर अपनी धाक हमेशा कायम की थी, बारह वर्ष की आयु में मुम्बई के एक मंच से उन्होंने गुरुदेव रवीन्द्रनाथ टैगोर को मन्त्रमुग्ध किया था और गुरुदेव ने अश्रुपूरित नेत्रों से उन्हें 'नृत्य समरांगिनी' की उपाधि से सम्बोधित किया था। इस समारोह में भी उनसे कुछ कर गुज़रने की आशा तो थी ही।

कत्थक की वेशभूषा से लैस यह नृत्यांगना मंच की ओर आती दिखीं। उनको सहारा देकर लाते हुए तीन व्यक्ति थे जिन्होंने मंच पर पहुँचकर हारमोनियम, ढोलक और मंजीरे सँभाल लिए। वादनों पर धुन बजने लगी, सितारा देवी के पैर और हाथ मन्द गति से थिरकने लगे। स्वयं उनके मुख से भजन के शब्दों की केवल एक पंक्ति—जय सियाराम बोलो...जय सियाराम—का उद्भाव हुआ। उनके एक घंटे के प्रदर्शन में केवल इसी पंक्ति का गायन होता रहा, इसी पंक्ति का सार, इसमें गर्भित आराधना,

इसमें समाया आराध्य-प्रेम, समर्पण, भगवत्-चरणों में आत्म-विलय, उनके मुखड़े के भाव, हाथों की मुद्राओं, पैर की थिरकनों में प्रदर्शित होते रहे। श्रोतागण ऐसे स्थिर, आत्म विस्मृति में बैठे थे जैसे उनकी साँसें रुक गयी हों, मन्त्रमुग्ध होने की परिभाषा उनके चेहरों की आभा में पढ़ी जा सकती थी। कितना समय इस अचेतना अथवा राम की चेतना में बीत गया, किसी को अनुमान नहीं था। अचानक नयाघाट के मन्दिरों में घंटे-घड़ियाल बजने लगे। श्रोतागण पृथ्वी पर वापस लौटे परन्तु धन्य थे, एक ओर मन्दिरों की आरम्भित होती पूजा, दूसरी ओर सितारा देवी की मन्दिरों की ओर मुड़कर नमन करती हुई छवि। इस समय भी उनके मुख से 'जय सियाराम...बोलो जय सियाराम' का ही उद्घोष हो रहा था, उनके पैर आहिस्ता-आहिस्ता थिरक रहे थे, वादक धुन बजाये जा रहे थे। कुछ क्षणों बाद सितारा देवी श्रोताओं की ओर वापस मुड़ीं, हाथ जोड़ कर नमन किया और मंच से धीरे-धीरे प्रस्थान कर गयीं। श्रोतागण जस के तस बैठे रहे, सितारा देवी के प्रस्थान के कुछ क्षणों बाद ही उन्हें आभास हुआ कि वे जा चुकी हैं, उनका नृत्य, उनकी पूजा, उनका आराध्य के प्रति समर्पण अपने चरम पर प्रदर्शित हो चुके थे, केवल एक अद्भुत अनुभूति सब के हृदयों में अभी भी विराज रही थी।

श्रोताओं में हलचल शुरू हुई, सब एक-दूसरे की ओर विस्मय से देख रहे थे, उस अनुभव का वर्णन करने के लिए किसी के पास उपयुक्त शब्द नहीं थे। अभी और भी कलाकार बाक़ी थे जिनकी कृतियाँ प्रस्तुत होनी थीं, परन्तु वास्तव में एक प्रकार से कार्यक्रम सम्पन्न हो चुका था। इतनी ऊँचाइयों को स्पर्श करने के पश्चात् अब और कोई आकांक्षा शेष नहीं थी। लोग धीरे-धीरे प्रांगण से बाहर की ओर जाने लगे। इतने में ठाकुर देवदत्त जी को किसी ने कन्धे पर छुआ। मुड़ते हुए उन्होंने देखा कि उनके पुराने परिचित और बहुत से धार्मिक वाद-विवादों के साथी बाबू काशीनाथ जी उनके पीछे खड़े थे। वे स्वयं में बड़े खुश नज़र आ रहे थे और तुरन्त बोले, "बाबू साहब, देखा! राम नाम में कितनी शक्ति है, कितना ओज है, कितना जादू है...?"

काशीनाथ जी हिन्दू परिवार के शीर्षस्थ सदस्य थे, अपनी विचारधारा को ही सर्वश्रेष्ठ मानते थे। देवदत्त जी सोचने लगे कि इस समय भी वे सितारा देवी के भव्य प्रदर्शन के बजाय धर्म की महिमा को ही श्रेय देने को आतुर थे। आहिस्ता से, परन्तु थोड़ी ऊँची आवाज़ में देवदत्त जी ने कहा, "बेशक, बेशक। 'जय सियाराम' एक मन्त्र है जिसमें शक्ति है...भक्ति है. ..सम्पूर्णता है...। परन्तु आपने तो उसे घटाकर केवल 'जय श्रीराम' बना दिया है, इसे बाँट दिया है...इसे अधूरा कर दिया है...। जय सियाराम के प्रभाव में, उसकी गरिमा में, उसकी रमणीयता में, उसकी सर्वव्यापी धारणा में कटौती कर दी है...।"

सम्भवतः समारोह का समापन देवदत्त जी के सटीक शब्दों से हो चुका था।

* * * * *

श्री राम जन्मभूमि सेवा समिति
शोभा यात्रा – राम प्रकट उत्सव
4 जनवरी 1984
अयोध्या

ढांचे के बीच वाले बुर्ज पर पहली बार हनुमान पताका फहराई गई

शोभा यात्रा में शामिल अयोध्या के पूज्य संतों और महात्मागणों के मध्य धीरेन्द्र सिंह जफ़ा

महंत स्वामी नृत्यगोपालदास महाराज जी के साथ धीरेन्द्र सिंह जफ़ा

मुख्य रथ के सामने धीरेन्द्र सिंह जफ़ा
अन्य गणमान्य सहयोगियों के साथ

उत्साहित राम भक्त श्री हनुमान जी के विग्रह के साथ

शोभा यात्रा की आरती उतारते हुए

शोभा यात्रा में सजे हुए हाथियों का समूह

शोभा यात्रा के साथ चलता राम भक्तों का जन समूह

अयोध्या की सड़कों पर शोभा यात्रा गाजे-बाजे के साथ शाम तक घूमती रही

गर्भगृह में पहली बार हवन किया गया जिसमें महंत स्वामी नृत्यगोपालदास महाराज जी समेत अयोध्या के अन्य सभी प्रमुख महंतों ने भाग लिया

श्री राम जन्म भूमि सेवा समिति के तत्वाधान में आयोजित राम-प्रकट उत्सव की चौंतीसवीं वर्षगांठ (वर्ष 1949 ई. से 34वीं) मनाई गई

इस वर्ष की सेवाओं के लिए धन्यवाद ! शुद्ध, स्वादिष्ट एवं ताजा देशी घी के प्रमुख विक्रेता
शर्मा घी स्टोर
चौक—फैजाबाद

जनमोर्चा

प्रभात संस्करण

वर्ष २६ अंक ३१ फैजाबाद गुरुवार ४ जनवरी १९८४ मूल्य ५५ पैसा

क्या आपको अपने माल की बिक्री के लिए ग्राहक चाहिए
जनमोर्चा
में विज्ञापन देकर अधिकाधिक लोगों को अपने माल की जानकारी कराइये
विज्ञापन हेतु सम्पर्क करें ।
विज्ञापन व्यवस्थापक

उत्तर प्रदेश और गरीब हुआ

लखनऊ, ४ जनवरी (यू)। प्रदेश नियोजन संस्थान के सर्वेक्षण के अनुसार प्रति व्यक्ति राष्ट्रीय आय की तुलना में उत्तर प्रदेश में और कमी आयी है। यह अन्तर विगत दो दशकों में १९ प्रतिशत से बढ़कर २७.५ प्रतिशत हो गया है।

२७ जनवरी से बजट सत्र

बांगला देश विपक्षी हड़ताल विफल

कमजोर केन्द्र का अर्थ कमजोर राष्ट्र—इन्दिरा

प्रधान मंत्री इन्दिरा गांधी ने देश को आत्मनिर्भर बनाने के लिये आधुनिक तकनीक के विकास की आवश्यकता पर बल दिया है।

मार्च तक और मूल्य वृद्धि

ठण्ड का अगला शिकार

वीर भोग्या वसुन्धरा

आज से बत्तीस हजार अभियन्ता हड़ताल पर

इनायतनगर व खण्डासा में रोज डकैतियाँ

पुलिस उत्पीड़न के विरोध मेंरिकाबगंज बन्द का आवाहन

शोभा यात्रा

परसाई को चकल्लस पुरस्कार

चरित्र पंजिका लिखने का तरीका बदला जाय

उ. प्र. तकनीकी सेवा महासंघ के आवाहन पर
प्रदेश के सभी अभियन्ताओं द्वारा ५-१-८४ से अनिश्चितकालीन हड़ताल

क्यों ?

१. प्रदेश के नेतृत्व द्वारा तकनीकी सेवा महासंघ से किये गये समझौतों को लागू न किये जाने के विरोध में।
२. उ० प्र० शासन द्वारा सम्बद्ध वेतनमानों के निर्णय को सभी विभागों और निगमों में लागू न किये जाने के विरोध में।
३. अवर अभियन्ताओं एवं उच्चपदीय अभियन्ताओं के वेतनमानों में विसंगतियों को दूर न करने के विरोध में।
४. प्रदेश के विकास कार्यों के सम्बन्ध में अभियन्ताओं की उपेक्षा एवं वांछित कार्य न दिए जाने के विरोध में।
५. घोषित नीति के अनुसार उक्त पदों पर केन्द्र सरकार के अनुरूप मंहगाई भत्ता न दिए जाने के विरोध में।

फैजाबाद तकनीकी महासेवा संघ द्वारा प्रसारित

जनमोर्चा

प्रभात संस्करण

वर्ष २६ अंक ३१ फैजाबाद गुरुवार ५ जनवरी १९८४ मूल्य ५५ पैसा

शोभा यात्रा

अयोध्या, ४ जनवरी। श्रीराम भूमि सेवा समिति के तत्वावधान में आज राम जन्म-भूमि से एक शोभायात्रा निकाली गयी जिसमें अयोध्या के हनुमानगढ़ी के अखाड़ों ने भी भाग लिया।

राम जन्मभूमि पर हनुमान-गढ़ी का प्रतीक लाल झंडा फहराया गया एवं भवन के अन्दर हवन का आयोजन हुआ।

शोभायात्रा में अयोध्या के तमाम महन्तों साधुओं नागरिकों और नेताओं ने भी इसमें भाग लिया। एक आयोजक के अनुसार पवित्र ध्वज ६०० वर्षों बाद फहराया गया।

शोभायात्रा राम जन्मभूमि से शुरू होकर मुख्य मार्ग होते हुए पुनः राम जन्मभूमि मे समाप्त हुई।

*4 जनवरी, 1984 को आयोजित राम – प्रकट उत्सव का कवरेज **जनमोर्चा, फैज़ाबाद** समाचार पत्र में 5 जनवरी, 1984 को प्रकाशित किया गया।*

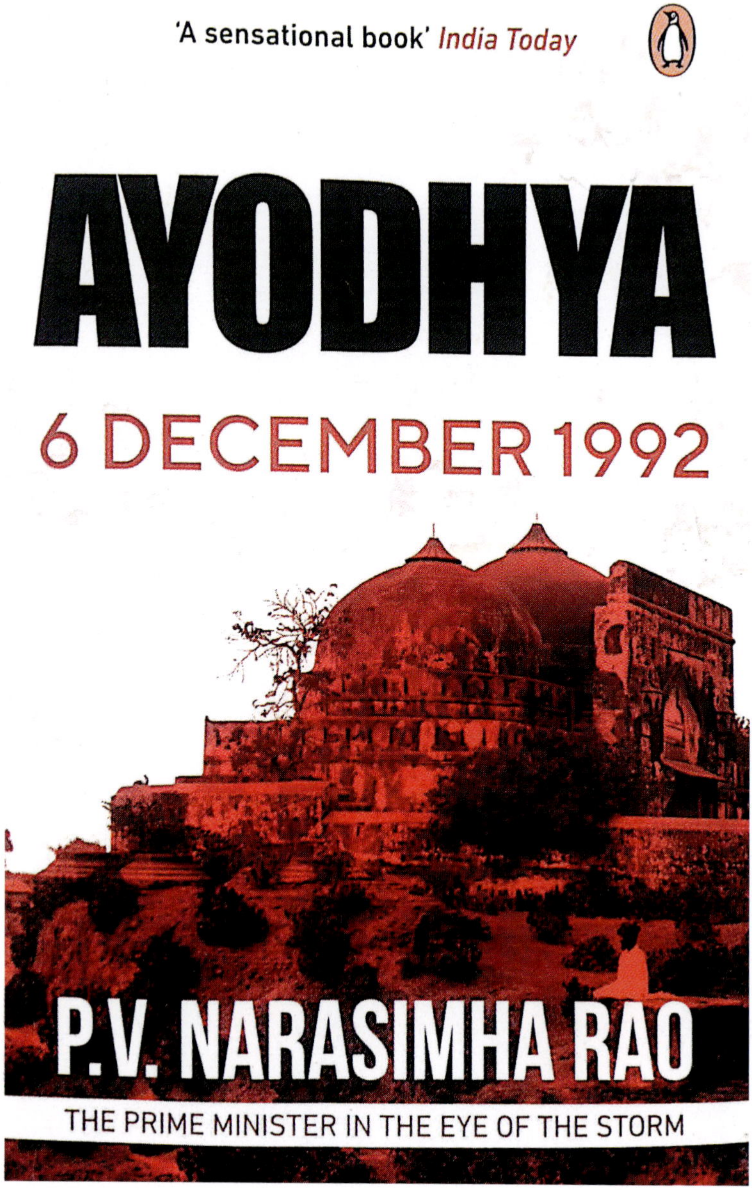
'A sensational book' India Today
AYODHYA
6 DECEMBER 1992
P.V. NARASIMHA RAO
THE PRIME MINISTER IN THE EYE OF THE STORM

Ayodhya 1986: The Opening of the Locks

The local people of Ayodhya used to organize a Ram Prakat Utsav (manifestation of Ram day), an anniversary celebration every year to commemorate the memory of the 'appearance' of the idol inside the Babri Masjid, in which a few hundred people would participate. The date for the celebration is decided according to the Hindu calendar. The thirty-fourth anniversary, which was on 4 January 1984, was celebrated with marked enthusiasm because, for the first time, the Hanuman pataka (Hanuman flag) was hoisted on the central dome of the disputed shrine. This news spread like wild fire attracting massive crowds. Significantly a *hawan* was also performed inside the *sanctum sanctorum* for the first time in which almost all Ayodhya's prominent mahants participated. The Rashtriya Swayamsevak Sangh (RSS) leadership then realized the political potential of the issue. Leaders at the RSS headquarters in Jhandewala, Delhi contacted the convener of the year's celebration, Wing Commander (Retd.) Dhirendra Singh Jafa, through RSS activists in Faizabad. This move, however, failed. Three months later a meeting of the Dharm Sansad of the Vishwa Hindu Parishad (VHP) was held at New Delhi on 7 and 8 April 1984, wherein it was decided to start the movement for the 'liberation' of the Ayodhya shrine as well as the Sri Krishna Janam Bhumi at Mathura and the Vishwa Nath shrine at Gyanvapi, Varanasi.

The meeting decided to launch an agitation for the Ayodhya shrine first. A call was issued to open the locked gates of the shrine and a slogan '*Aage badh kar jor se bole: janambhoomi*' was coined. The disputed structure had two locked gates and only the pujaris were allowed inside. The darshan of the idol of Ram Lalla installed in the *sanctum sanctorum* could be had only through the iron grills of the gate which the VHP sought to project as the imprisonment of Ram Lalla. It was further decided to convene the next meeting at Ayodhya on 18 June the same year. At its meeting in Ayodhya the Ram Janmabhoomi Mukti Yagya Samiti (Ram Janmabhoomi liberation front) was formed with Dau Dayal Khanna, a former minister in the UP Congress government, as its convener. There was a sparse attendance of thirty-five saints on the occasion. Moro Pant Pingale and Ashok Singhal were the moving force behind the temple movement since the beginning. Both were veteran RSS leaders.

The next meeting was held again at Ayodhya on 1 July 1984 in which Mahant Avaidyanath of Gorakhnath Peeth, Gorakhpur was declared president, besides Mahant Nritya Gopal Das of the Mani Ram Ki Chawni, Ayodhya and Praramhans Ramchandra of Digambar Akhara as vice president, and Onkar Bhave, Mahesh Narain Singh and Dinesh Tyagi as secretaries of the Samiti.

First Rath Yatra

At its meeting on 11 July 1984, the VHP decided to create public awareness about the temple agitation. A rath yatra of Sri Ram-Janki was begun on 25 September 1984, from Sitamarhi in Bihar (believed to be Sita's birthplace). This was the first motorized rath yatra taken out by the VHP. Its success greatly encouraged the Sangh parivar. Lai Krishna Advani's 10,000-kilometre rath yatra from Somnath in September 1990, the next BJP president Murli Manohar Joshi's 'ekta yatra' in 1991, the repeat of Advani's

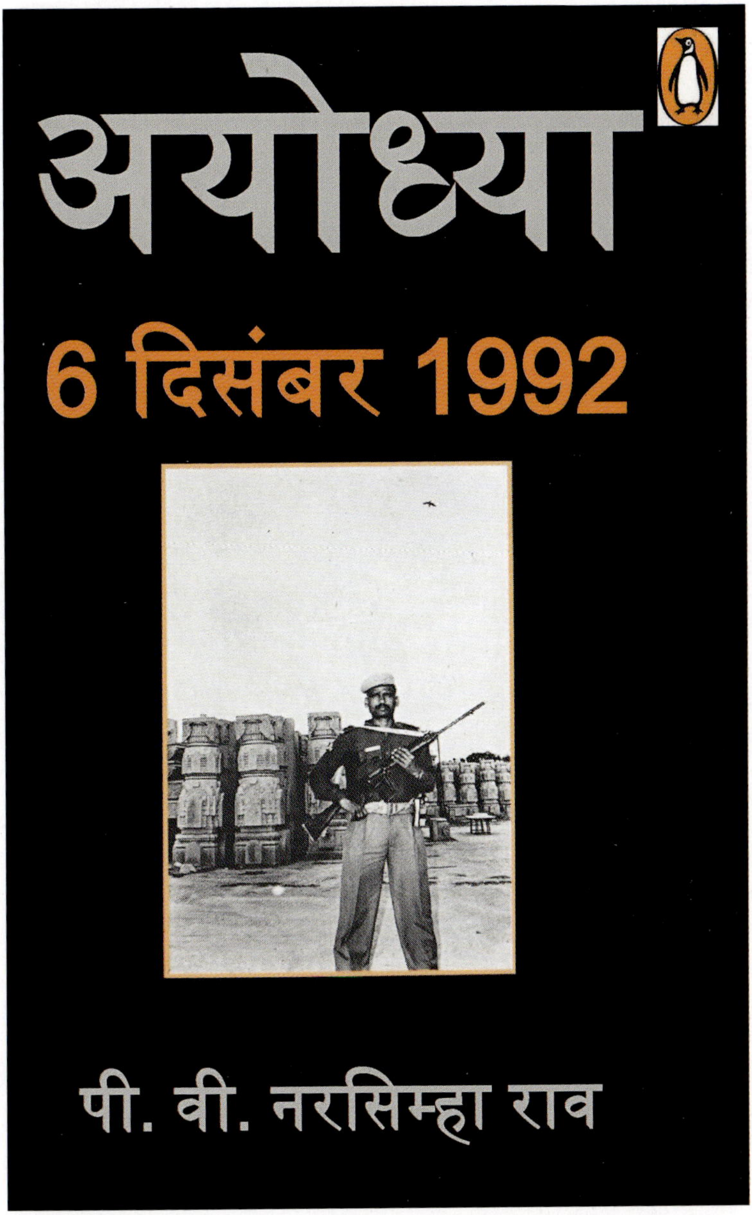
अयोध्या
6 दिसंबर 1992
पी. वी. नरसिम्हा राव

अयोध्या 1986: ताले खुलना

अयोध्या के स्थानीय निवासी बाबरी मस्जिद के भीतर प्रतिमा प्रकट होने के स्मरणोत्सव के रूप में हर साल राम-प्रकट उत्सव मनाया करते थे, जिसमें कुछ सौ लोग ही शामिल होते थे। इस समारोह की तिथि हिंदू कैलेंडर के अनुसार निश्चित की जाती थी। 4 जनवरी, 1984 को आयोजित चौंतीसवीं वर्षगांठ विशेष उत्साह के साथ मनाई गई, क्योंकि इस अवसर पर पहली बार विवादित ढांचे के बीच वाले बुर्ज पर हनुमान पताका फहराई गई। यह ख़बर जंगल की आग की तरह फैल गई और लोगों की भारी भीड़ वहां जुटने लगी। इसके अलावा महत्वपूर्ण बात यह थी कि गर्भगृह में पहली बार हवन किया गया जिसमें अयोध्या के लगभग सभी प्रमुख महंतों ने भाग लिया। तब राष्ट्रीय स्वयंसेवक संघ (आर. एस.एस.) के नेताओं को इस मुद्दे के राजनीतिक महत्व का अहसास हुआ। दिल्ली में झंडेवालान स्थित आर.एस.एस. मुख्यालय में नेताओं ने फ़ैज़ाबाद में मौजूद आर.एस.एस. कार्यकर्ताओं के माध्यम से उस वर्ष के समारोह के संयोजक विंग कमांडर (सेवानिवृत्त) धीरेंद्र सिंह जफा से संपर्क किया। किंतु यह प्रयास असफल रहा। तीन महीने बाद, 7-8 अप्रैल, 1984 को नई दिल्ली में विश्व हिंदू परिषद की धर्म संसद का आयोजन हुआ जिसमें अयोध्या मंदिर के साथ-साथ मथुरा में श्रीकृष्ण जन्मभूमि तथा ज्ञानवापी, वाराणसी में विश्वनाथ मंदिर को भी 'मुक्त' कराए जाने का आंदोलन शुरू करने का निर्णय लिया गया। इस बैठक में सर्वप्रथम अयोध्या मंदिर

के लिए आंदोलन छेड़ने का निर्णय लिया गया। मंदिर के द्वार पर लगे ताले खोले जाने का आस्वान किया गया तथा 'आगे बढ़ कर ज़ोर से बोलेः जन्मभूमि' का नारा भी लगाया गया। विवादित ढांचे के दो दरवाज़े थे जिन पर ताले लगे थे और जहां से केवल पुजारियों को भीतर जाने की अनुमति थी। गर्भगृह में संस्थापित राम लला की मूर्ति के दर्शन दरवाज़े पर लगी लोहे की सलाख़ों के पीछे से ही किए जा सकते थे। विहिप इसे राम लला को क़ैद किए जाने के समान बताते हुए इसका प्रचार करना चाहती थी। इसके अलावा अगली बैठक अयोध्या में उसी वर्ष 18 जून को किए जाने का निर्णय लिया गया। अयोध्या में हुई बैठक में राम जन्मभूमि मुक्ति यज्ञ समिति का गठन किया गया जिसका संयोजक उ.प्र. कांग्रेस सरकार के भूतपूर्व मंत्री, दाऊदयाल खन्ना को बनाया गया। इस अवसर पर केवल पैंतीस संत ही उपस्थित थे। मोरोपंत पिंगले और अशोक सिंघल आरंभ से ही मंदिर आंदोलन के साथ जुड़े हुए थे।

अगली बैठक फिर अयोध्या में 1 जुलाई, 1984 को हुई जिसमें गोरखनाथ पीठ के महंत अवैद्यनाथ को प्रेसीडेंट घोषित किया गया। अयोध्या की मणि राम की छावनी के महंत नृत्य गोपाल दास तथा दिगंबर अखाड़ा के परमहंस रामचंद्र को उपाध्यक्ष तथा ओंकार भावे, महेश नारायण सिंह और दिनेश त्यागी को सचिव बनाया गया।

पहली रथ यात्रा

11 जुलाई, 1984 को हुई बैठक में विहिप ने मंदिर आंदोलन के बारे में लोगों को जागरूक बनाने का निर्णय लिया। बिहार में सीतामढ़ी (सीता का जन्मस्थान माने जाने वाला स्थान) से 25 सितंबर, 1984 को श्री राम-जानकी की रथ यात्रा आरंभ हुई। विहिप ने पहली बार मोटरगाड़ी से रथयात्रा निकाली। इसकी सफलता से संघ परिवार का उत्साह बढ़ा। 'शिला यात्रा,' 'अस्थि कलश यात्रा,' 'धर्म यात्रा,' के अलावा सितंबर 1990 में सोमनाथ से लाल कृष्ण आडवाणी की 10,000 कि.मी. लंबी

(पूर्व प्रधानमन्त्री भारत रत्न पी.वी. नरसिम्हा राव द्वारा लिखित पुस्तक 'अयोध्या 6 दिसम्बर 1992' का एक अंश)

अयोध्या
रामजन्मभूमि-बाबरी-मस्जिद
का सच
शीतला सिंह

'जनमोर्चा' समाचार पत्र के पूर्व सम्पादक शीतला सिंह द्वारा लिखित पुस्तक 'अयोध्या : रामजन्मभूमि-बाबरी-मस्जिद का सच' के अध्याय-2 'ताला खोलो अभियान' का अंश....

अयोध्या से विधायक और 1962 में उत्तर प्रदेश विधान सभा के अध्यक्ष भी बने, रखा गया था।

इस समिति में रखने से फ़ैज़ाबाद का कोई प्रमुख हिन्दू छूटने न पाये, इसका ध्यान रखा गया था। श्री मदनमोहन वर्मा आर्य-समाज : फ़ैज़ाबाद के प्रमुख संचालक माने जाते थे। इसके अतिरिक्त आनरेरी मजिस्ट्रेट श्री रामनरायन वर्मा, कनकभवन के पंडित हरिप्रसाद और अयोध्या से प्रकाशित होने वाले प्रमुख साप्ताहिक 'संस्कृतम्' के सम्पादक पंडित कालीप्रसाद शास्त्री, पंडित रामरक्षा त्रिपाठी निर्भीक, पंडित देवधर शर्मा : निरीक्षक गीता मन्दिर, मथुरा को भी सदस्य बनाया गया था। प्रयत्न यही था कि अयोध्या के प्रमुख बताये जाने वाले हिन्दुओं में से कोई इससे अलग न रहने पाए। उद्देश्य यह था कि यह समिति हर हालत में विचाराधीन मामले में सहयोगी की भूमिका निभाए।

रामजन्मभूमि-सेवा-समिति के संयोजकत्व में प्राक्ट्योत्सव मनाने की भी घोषणा की गयी। यह प्रचार **'पाञ्चजन्य'** नाम के संघ के समाचारपत्र में भी 3 जनवरी, 1950 को छपा था।

इस प्राक्ट्योत्सव के नायक नव-निर्वाचित रामजन्मभूमि-सेवा-समिति के नये अध्यक्ष बाबा रामचरित्रदास जो फ़ैज़ाबाद नगरपालिका के जनसंघ के टिकट पर सदस्य निर्वाचित हुए थे तथा महामन्त्री श्री राधेश्याम शुक्ल 'नये लोग' नामक दैनिक के सम्पादक थे। अखबार के मुद्रक, प्रकाशक और स्वामी दिनेश माहेश्वरी प्रमुख भूमिका निभा रहे थे। इस आयोजन में पूर्व विंग-कमाण्डर धीरेन्द्र सिंह जफ़ा जो बाँगलादेश-मुक्ति के समय विमान-दुर्घटना में गिरफ़्तार होने के फलस्वरूप पाकिस्तान की जेल में थे और शिमला समझौते के तहत रिहा हुए थे, प्रमुख भूमिका निभा रहे थे। रामजन्मभूमि-सेवा-समिति में कांग्रेस-समर्थक और स्थानीय इकाई के पदाधिकारी रामभक्त पाठक, गोपीनाथ शुक्ल और रामप्रसाद यादव भी थे।

यह आयोजन था जिसमें मुख्य अतिथि के रूप में पूर्वांचल के गाँधी के नाम से विख्यात, प्रमुख कांग्रेसी नेता, सांसद कई बार प्रदेश सरकार में मन्त्री रह चुके जयराम वर्मा भी आये थे। बताया जाता है कि उन्हें

मुख्य अतिथि बनाकर लाने की भूमिका बाबा रामचरित्रदास ने निभायी थी। इसी प्राक्ट्योत्सव में एक उल्लेखनीय तथ्य यह भी था कि फ़ैज़ाबाद कांग्रेस कमेटी के अध्यक्ष मो. अब्दुल हनीफ़ भी विशिष्ट अतिथि थे। वे मंच पर प्रमुखता के साथ बाबू जयराम वर्मा एवं विंग-कमाण्डर धीरेन्द्र सिंह जफा के साथ मौजूद थे। यह पहला अवसर था जब विवादित स्थल के भीतर किसी मुस्लिम नेता को प्रशासन ने प्रवेश करने दिया हो। इसके पहले तो बराबर ही पुलिस यही कहती थी कि अदालत के निषेध के फलस्वरूप कोई भी मुस्लिम विवादित स्थल के 200 गज़ के भीतर प्रवेश नहीं कर सकता। 1949 से लेकर दिसम्बर 1983 जिस दिन यह प्राक्ट्योत्सव मनाया जा रहा था कोई मुस्लिम विवादित क्षेत्र में प्रवेश नहीं कर पाया था।

इस आयोजन के लिए बाकायदा आयोजनकर्ताओं को अपने अतिथियों और आगन्तुकों के साथ सरकारी संरक्षण में प्रवेश करने दिया गया और विवादित स्थल के भीतर गुम्बद के नीचे भी जाने दिया गया। पहली बार मस्जिद के बीच के गुम्बद पर लाल पताका फहरायी गयी और जिस बीच वाले गुम्बद के नीचे मूर्तियाँ रखी गयी थीं वहाँ हवन-पूजन की अनुमति आयोजकों को दी गयी। पूरे विवादित स्थल को बिजली की झालरों से सजाया गया था। यह सब किन नेताओं या सरकार के आदेश पर सम्भव हो रहा था, रहस्य ही था। अदालत में यह मामला विचाराधीन था। उसके द्वारा इस प्रकार के आयोजन की अनुमति नहीं दी गयी थी। प्रशासनिक अधिकारी आयोजकों के लिए किसी प्रकार की रोक-टोक नहीं कर रहे थे। इसके पूर्व जब भी प्राकट्योत्सव की औपचारिकता का प्रश्न उठता था विवादित स्थल के बाहर ही कुछ सीमित व्यक्तियों द्वारा निपटा दिया जाता था। प्राकट्योत्सव के दिन मुख्य अतिथि ने यहाँ विवादों को सुलझाकर मन्दिर-निर्माण की बात भी की और मुस्लिम कांग्रेस-अध्यक्ष मोहम्मद हनीफ़ ने भी इसका समर्थन किया। लोगों का अनुमान यही है कि राष्ट्रपति की यात्रा के बाद प्राक्ट्योत्सव के आयोजक दिल्ली तक का चक्कर लगा रहे थे। तब लखनऊ तथा दिल्ली दोनों में ही कांग्रेस सरकारें सत्तारूढ़ थीं। मोहम्मद हनीफ़ के इस स्थल पर जाने को लेकर मामले के

पक्षकारों या अन्य ने भी कोई आपत्ति नहीं दर्ज करायी। प्रशासन के सहयोग और अनुमति के विना तो ऐसा सम्भव ही नहीं था : इसलिए उसकी ओर से यह विवाद उठाये जाने का प्रश्न ही नहीं था।

इस प्राक्ट्योत्सव के बाद अयोध्या में विभिन्न मन्दिरों से रथ और घोड़े, हाथी सजाकर जुलूस गाजे-बाजे के साथ निकला। नगर के प्रमुख मार्गों पर प्रसन्नताबोधक गाजे-बाजे के साथ ही गोले दागे गये। लगभग 10 बजे से आरम्भ हुआ यह जुलूस शाम तक अयोध्या की सड़कों पर घूमता रहा। पुलिस और प्रशासन की भूमिका मुख्य रूप से सहयोगी और सुविधाएँ प्रदान करने वाली ही थी। इसके लिए यात्रियों को मुख्य मार्ग से लौटाकर दूसरे मार्गों से जाने की व्यवस्था की गयी थी। जुलूस में मुख्य नारा 'रामजन्मभूमि का ताला खोलो', 'ताले में बन्द भगवान को मुक्त करो' का था। इसके पहले **'नये लोग'** समाचारपत्र के मुखपृष्ठ पर भगवान् को कैद में सीकचों के भीतर बन्द दिखाने वाली एक बड़ी स्केच वाली फ़ोटो भी छापी गयी थी जिसके नीचे 'जन्मभूमि का ताला खोलो' का कैप्शन भी लगाया गया था।

अखण्ड कीर्तन :

22-23 दिसम्बर, 1949 को मस्जिद में मूर्तियाँ रखने के बाद यह विवाद अदालतों की शरण में चला गया। मूर्ति रखे जाने के बाद इस इमारत के इर्द-गिर्द बहुत-सी गतिविधियाँ संचालित होने लगीं। रामचबूतरा के द्वार पर अखण्ड कीर्तन होने लगा। मस्जिद के इनर कोटयार्ड के बाहर राम-चबूतरा पर निर्मोही अखाड़ा द्वारा पूजा-पाठ पहले से ही जारी था। रामचबूतरा-स्थल पर प्रवेश के लिए कोई पृथक् द्वार नहीं था। मस्जिद की बाहरी बाउण्ड्री का द्वार ही प्रयुक्त होता था– यानि परिसर में घुसने पर ही राम-चबूतरा-स्थल तक जाया जा सकता था। 22/23 दिसम्बर, 1949 के पूर्व तक इसी दरवाजे का इस्तेमाल मस्जिद में नमाज पढ़ने के लिए भी होता रहा। इस इमारत का एक द्वार और था जिसे सिंहद्वार कहा जाता था जहाँ सीता-रसोई थी।

1983 में भव्य राम-प्राक्ट्योत्सव-समारोह के बाद राम-चबूतरे पर भी भजन-पूजन की गतिविधियाँ बढ़ गयी थीं।

THE
DEMOLITION
AND THE
VERDICT
Ayodhya and the Project
to Reconfigure India
Nilanjan Mukhopadhyay

नीलांजन मुखोपाध्याय द्वारा लिखित पुस्तक 'द डेमोलिशन एंड द वर्डिक्ट' के अध्याय-4 'Getting Started' का अंश....

real power within the VHP remained in the hands of two or three senior functionaries and the RSS 'handler'—Bhaurao Deoras (younger brother of Balasaheb) to begin with, and Moropant Pingle subsequently. Both worked in consultation with the sarsanghchalak. Not surprisingly, the VHP is the only RSS affiliate in which the sarsanghchalak is a trustee of the governing board or Nyasi Mandal. After Golwalkar's death, Balasaheb had joined the board, but towards the latter part of his tenure, when his health begun deteriorating, he deputed Moropant Pingle to the Mandal.

At a time when RSS–VHP leaders were weighing options on future programmes, their visit to Ayodhya was triggered by a development in the temple town. From 1950-51 onward, local residents, especially those connected with the akharas and court cases, observed Ram Prakat Utsav, the celebration to mark Ram's appearance, every year. The date was chosen on the basis of the Hindu lunar calendar to mark the December night in 1949 when the idol was installed. In the initial years, there was considerable enthusiasm but as time passed, it became a ritual or a routine event.

On 4 January 1984, however, the day was commemorated with greater gusto. People went inside the inner compound of the disputed property even though only the priest was permitted by the old court order. Unknown numbers of men also climbed atop the central dome and hoisted the Hanuman Pataka or the flag of Hanuman. As in December 1949, the news spread like wildfire and on getting to know about this, 'massive crowds' began gathering outside the shrine.[29] Several prominent mahants of Ayodhya too arrived and performed a yagna inside the sanctum sanctorum. For the first time after December 1949, so many religious leaders had gathered inside the Babri Masjid to conduct a religious ritual. News of this reached RSS leaders and they unsuccessfully tried to co-opt the local organizer of the event, a retired air force official. The RSS's endeavour was aimed at assessing if the issue had the potential to be converted into a major rallying point. The Hindu community that the RSS and its affiliates had tried to raise as an electoral constituency for several decades after independence, now appeared to be integrating into a single block. The RSS leadership hoped that while the process had been initiated by the Ekatmata Yatra, the Ram temple agitation would ensure its permanence.

Consequently, before the Dharam Sansad met for two days in Delhi during 7-8 April 1984 at the government-owned Vigyan Bhavan, there was buzz of excitement that the temple demand would be included in the charter and a definite timeline for an agitation would be announced. The moot point was if the campaign would provoke violence or remain restricted to being another exercise in 'knitting' Hindu society like the Ekatmata Yatra. The meeting was attended by nearly one thousand religious leaders from various Hindu sects. The meeting adopted a resolution 'unanimously' calling for 'restoration' of the three religious sites, first featured in the August 1949 Hindu Mahasabha resolution: Varanasi, Ayodhya and Mathura. The Dharam Sansad, however, decided to initially take up the demand for constructing the Ram temple after 'shifting' the mosque. It is worthwhile to recall that the idea to get Muslims of Ayodhya to hand over the shrine to Hindus was first made in the immediate aftermath of the forcible installation of the Ram Lalla idol in December 1949.

The three arguments for reinforcing the demand for the Ram temple, which had done the rounds in the years preceding 1949, were resurrected. Several new generations of Indians who had never heard of these arguments were

बेबाक बात, सच का साथ

R.N.I. N0:- UPHIN/2016/66785
डाक पंजीयन सं.- Fzd-15/16-17

फ़ैज़ाबाद की आवाज़

मण्डल मुख्यालय से प्रकाशित हिन्दी साप्ताहिक

वर्ष- 1 | अंक- 48 | फैजाबाद | रविवार (11 दिसम्बर से 17 दिसम्बर 2016) | पृष्ठ- 12 | मूल्य- 10/- रूपये

विशेष भेंट में विंग कमाण्डर धीरेन्द्र सिंह जफा ने कहा

आपसी सौहार्द से ही निकलेगा समस्याओं का समाधान

विशेष प्रतिनिधि

फैजाबाद। वीरचक्र से सम्मानित विंग कमाण्डर धीरेन्द्र सिंह जफा से हमारे विशेष प्रतिनिधि ने खास बातचीत की, प्रस्तुत हैं उसके कुछ अंश:–

प्रश्न– श्रीराम जन्मभूमि बाबरी मस्जिद के संदर्भ में छह दिसम्बर 92 की अयोध्या घटना पर वर्तमान में आपका क्या मत है?

उत्तर– उस स्थान पर राम मंदिर की मांग तो स्वाभाविक थी साथ में न्याय संगत भी। फिर भी मंदिर निर्माण के लिए इतने हंगामे और ललकार के साथ विवादित ढांचे का विध्वंस सही नहीं था। इससे शांतिपूर्ण हल निकलने की संभावनायें क्षीण हो गयीं।

प्रश्न– क्या ढांचा विध्वंस किया जाना ठीक था?

उत्तर– राम प्रकाट्योत्सव का आयोजन करने में शामिल साथियों के साथ मेरा खुद का मत ढांचे के विध्वंस का नहीं था। वर्ष 1949 में रामलला के वहां प्रकट होने के बाद मुस्लिम समाज में कोई खास प्रतिक्रिया भी नहीं हुई थी यहां तक कि इसका मुकदमा भी काफी विलंब से दायर किया गया था। वहां मुस्लिम समाज की ओर से कभी नमाज भी नहीं अदा की गयी। उस क्षेत्र में मुस्लिम आबादी भी नगण्य थी, मुस्लिम समाज उस समय मस्जिद पर कोई खास दिलचस्पी नहीं रखता था। चार जनवरी 1984 की शोभायात्रा में मैंने मुस्लिम भाईयों को भी आमंत्रित किया था और उन लोगों ने टेढ़ी बाजार तिराहे पर इत्र और इलायची के साथ शोभायात्रा का जोरदार स्वागत किया था। दूसरे दिन मस्जिद प्रांगण में एक जनसभा भी आयोजित की गयी थी जिसमें प्रमुख साधु संतों समेत अयोध्या–फैजाबाद के प्रतिष्ठित मुस्लिमों ने शिरकत की थी। मुसलमानों की तरफ से इससे बड़ी सौहार्द की मिसाल और क्या हो सकती है? जब भी उनको अपनी आस्था का हवाला देकर समझाया गया मुस्लिम समाज ने कभी भी हिन्दू धार्मिक कार्यक्रमों में व्यवधान उत्पन्न नहीं होने दिया, यह एक खास बिन्दु है जिसे हिन्दू जनमानस को सदैव याद रखना चाहिए।

प्रश्न– क्या जन्मभूमि पर राम मंदिर बन पायेगा?

उत्तर– मंदिर तो जरूर बनेगा परन्तु जोर जबरदस्ती से ऐसा नहीं किया जाना चाहिए। मंदिर बनेगा तो मुस्लिम सौहार्द से, मुसलमानों का सौहार्द मंदिर निर्माण के लिए हमें अवश्य मिलेगा। हिन्दुओं का फर्ज बनता है कि वे मुस्लिम भाईयों में सुरक्षा और स्वाभिमान की भावना दृढ़ करें और उनका दिल जीतें। मुसलमान भी अपनी मानसिकता बदल रहा है वह निरन्तर सामाजिक संघर्ष में नहीं रहना चाहता। आधुनिक शिक्षा और आर्थिक विकास मुस्लिम मानसिकता में और अधिक सृजनात्मक बदलाव ला रहे हैं। वह दिन दूर नहीं जब आपसी सौहार्द आज की ज्वलंत समस्याओं का समाधान निकाल सकेगा। इसके साथ ही श्री जफा ने कुछ सवाल भी उठाये और कहा कि अल्लामा इकबाल के अनुसार मस्जिद तो शबभर में बनायी जा सकती है परन्तु क्या समानान्तर रूप से दिल भी नमाजी हो सकता है? मंदिर तो बन जायेगा परन्तु क्या हम राममय हो पायेंगे? क्या हम विसंगतियों को दूर करके समाज में समरसता, समानता स्थापित कर सकेंगे? जाति पांत के घेरों को तोड़कर एक जुट हो पायेंगे? अपने को पिछड़ा घोषित करवाने की होड़ से निकलकर इस 21वीं शताब्दी का मानस होने का गर्व महसूस कर सकेंगे? हार्डवेयर तो कभी भी लगाया जा सकता है क्या उसके समानान्तर साफ्टवेयर का विकास किया जा सकता है? स्वामी विवेकानंद और स्वामी दयानंद सरस्वती के पश्चात हिन्दू समाज में नये विचारों, नये सुधारों की रिक्तता ही रही है क्या हमारे धर्मगुरू हमें नया रास्ता दिखायेंगे? क्या राम के नाम पर वे अपनी अपार क्षमता एवं सम्पदा का प्रयोग समाज में आधुनिक शिक्षा, इलाज, वंचितों और महिलाओं के उत्थान की दिशा में करने पर विचार कर सकेंगे? क्या हम वास्तव में राम के आदर्शों को आत्मसात कर पायेंगे?

निर्माणाधीन श्रीराम जन्मभूमि मंदिर का प्रतिरूप

(साभार : श्रीराम जन्मभूमि तीर्थ क्षेत्र वेबसाइट से)

लेखक का जीवन परिचय व सम्मान

विंग कमांडर धीरेन्द्र सिंह जफ़ा, वीर चक्र

सन् 1935 में उत्तर प्रदेश के एक ज़मींदार परिवार में जन्मे धीरेन्द्र सिंह जफ़ा ने 1954 में एक फ़ाइटर-पायलट के रूप में भारतीय वायु सेना में प्रवेश किया। वे बहुत जल्द स्पिटफायर 18, वैम्पायर, तूफ़ानी, हन्टर,

नैट और मिग-21 जैसे आधुनिक विमानों को उड़ाने में कुशल हो गए। वर्ष 1964 में एयरफोर्स की तरफ से उन्हें एयर अटैक इन्स्ट्रक्टर की ट्रेनिंग के लिए अमेरिका भेजा गया। सन् 1965 में उनकी तैनाती अम्बाला एयरबेस पर हुई; उसी समय पाकिस्तान के साथ भीषण युद्ध छिड़ गया। पराक्रमी जफ़ा ने अपने नैट लड़ाकू जहाज़ से अदम्य साहस का परिचय देते हुए 23 बार पाकिस्तान पर ज़बरदस्त हमले किये। उनकी पेशेवर कुशलता और लगन को देखते हुए उन्हें सुपरसोनिक फ़ाइटर सुखोई एसयू-7 लड़ाकू विमान स्वदेश भारत लाने के लिए रूस भेजा गया। उन्हीं के प्रयासों की बदौलत स्क्वाड्रन नं० 26 बहुत ही कम समय में सुखोई एसयू-7 लड़ाकू बमवर्षक विमान से लैस देश का प्रथम स्क्वाड्रन बन गया। जफ़ा के इस उत्कृष्ट योगदान के लिए भारत सरकार ने उन्हें **'वायु सेना पदक'** से सम्मानित किया।

तत्पश्चात, उन्हें रॉयल एयर फोर्स स्टाफ कॉलेज, यूनाइटेड किंगडम में स्टाफ कोर्स करने के लिये चयनित किया गया। वहाँ से उत्कृष्टता (Distinction) के साथ ग्रेजुएट हो कर वे वर्ष 1970 में भारत लौटे और एक बार फिर उन्होंने इंडियन एयर फोर्स का नाम ऊंचा किया। जनवरी 1971 में उनकी तैनाती वायुसेना मुख्यालय में एयर चीफ़ मार्शल के परिसहायक अफ़सर (Aide-De-Camp) के प्रतिष्ठित पद पर हुई। परन्तु 10 माह बाद ही जब पाकिस्तान के साथ युद्ध अवश्यम्भावी हो

चला था, तब उन्होंने कर्तव्य को स्वयं से ऊपर रखने वाले सैनिक की भाँति, वायुसेना मुख्यालय, दिल्ली में वायुसेना प्रमुख के साथ सुरक्षित एवं प्रतिष्ठित कार्य को छोड़ने का व्यक्तिगत निर्णय नवंबर 1971 में लिया। युद्ध क्षेत्र के ख़तरों एवं जोख़िमों को अपने स्क्वाड्रन के अधिकारियों एवं साथियों के साथ साझा करना उन्होंने अपना नैतिक दायित्व समझा और मातृभूमि की रक्षा के लिए अपनी पत्नी और दो छोटे बच्चों को पीछे छोड़कर स्वेच्छा से अपने आपको युद्ध के लिये पूर्ण समर्पित किया। वायुसेना प्रमुख ने अनिच्छापूर्वक उनके इस आग्रह पर सहमति दी। युद्ध के दौरन एयरफोर्स हेडक्वार्टर में एडीसी जैसी सुरक्षित और प्रतिष्ठित तैनाती को त्याग कर, देश की रक्षा के लिए स्वेच्छा से युद्ध में शामिल होने का जफ़ा का ये फैसला भारतीय वायुसेना के इतिहास का एक बेमिसाल वाक्या है।

वे आदमपुर (पंजाब) स्थित अपने संक्रियात्मक स्क्वाड्रन नं. 26 में तैनात हुए। दिसम्बर 1971 में, पाकिस्तान से युद्ध के दौरान पश्चिमी मोर्चे के भीषण युद्ध क्षेत्रों में से एक में कठिन परिस्थतियों में जमीन पर लड़ रहे भारतीयो सैनिकों की अपेक्षित माँग के अनुरूप उन्होंने बिल्कुल नज़दीक से उड़ानें भरते हुए बारंबार हवाई हमले किए। 4 दिसम्बर 1971 को फिरोजपुर के हुसैनीवाला क्षेत्र में जब शत्रु ने हमारी एक इन्फेंट्री बटालियन को घेर लिया और उनके टैंक बहुत करीब आ गए तब उन्होंने शत्रु पर 12 हवाई हमले करते हुए सात टैंकों और एक जीप को ध्वस्त कर दिया। इस कार्यवाही से शत्रु के आक्रमण को बड़ा धक्का लगा और हमारे घिरे हुए सैनिक कम-से-कम हानि उठाते हुए, घेरे से निकलने में सफल हो गए। 5 दिसम्बर 1971 को अमृतसर के पश्चिम में शत्रु हमारे ठिकानों पर लगातार गोलियाँ बरसा रहे थे। शत्रु के तोप ठिकानों पर हमला करने के लिए उन्होंने चार लड़ाकू विमानों वाले स्ट्राइक मिशन का नेतृत्व किया। जमीन से शत्रु की बन्दूकों से होने वाली भारी गोलाबारी के बावजूद उन्होंने एक के बाद एक सफल हमले किये, लेकिन छठे हमले में उनका सुखोई एसयू-7

पाकिस्तान से वापस अपने घर पहुँचने पर जफ़्रा के स्वागत में उमड़ा जनसैलाब

दिलकश बदायूँनी एवं उनके द्वारा जफ़ा के स्वागत में पढ़ी गई नज़्म

ब'सिलसिलः–ए–मुबारकबाद तशरीफ़ आवरी श्री धीरेन्द्र सिहं जफ़ा
स्क्वाड्रन लीडर, इण्डियन एयर फोर्स
ब'तारीख 2 जनवरी 1973 ई0.
टाउनहाल–बदायूँ

ऐ श्री धीरेन्द्र जी!

ऐ श्री धीरेन्द्र जी ! तुम धन्य हो, तुम हो महान
तुम से वीरों से हमारे देश की क़ायम हैं शान

देश पर सब कुछ निछावर, देश अपनी जान है
ऐसे रणधीरों पे अपने देश को अभिमान हैं
देश का अभिमान रखना वीरता की शान है
देश भक्ति में इन्हीं वीरों के तुम भी हो समान

ऐ श्री धीरेन्द्र जी ! तुम धन्य हो, तुम हो महान
तुम से वीरों से हमारे देश की क़ायम हैं शान

जंग इक तूफ़ान है, और जंग है एक मरहला
जंग हर इक, इक भयानक रूप हैं यमराज का
नाम सुनकर जंग का आये ज़मीं को ज़लज़ला
जंग में होकर निडर जोखों चढ़ाई अपनी जान

ऐ श्री धीरेन्द्र जी ! तुम धन्य हो, तुम हो महान
तुम से वीरों से हमारे देश की क़ायम हैं शान

हर रबाब–ए–जंग से इक मौत का उठता हैं राग
हर भयानक मोड़ पर मैदान में लेता हैं भाग
जंग में हर वीर अपनी ज़ान का करता है त्याग
हर भयानक मोड़ पर तुम अड़ गये मिस्ल–ए–चट्टान

ऐ श्री धीरेन्द्र जी ! तुम धन्य हो, तुम हो महान
तुम से वीरों से हमारे देश की क़ायम हैं शान

जंग के मैदां में खेले दश्मनों की जान से
युद्ध में की अग्नि वर्षा तुमने अपने वाण से
मोर्चे तोड़े, भगाये शत्रु हर मैदान से
जिसके संचालक थे तुम ज्वालामुखी था वह विमान

ऐ श्री धीरेन्द्र जी ! तुम धन्य हो, तुम हो महान
तुम से वीरों से हमारे देश की क़ायम हैं शान

पाक का जिसने घटाया जंग के मैदां में मान
थी तुम्हारी क़ैद का कारण ये दुर्घटना महान
इक भयानक मोड़ पर संकट में आया वह विमान
है दिसंबर पांच उन्नीस–सौ–इकहत्तर का बयान

ऐ श्री धीरेन्द्र जी ! तुम धन्य हो, तुम हो महान
तुम से वीरों से हमारे देश की क़ायम हैं शान

हमने माना क़ैद में बीता तुम्हारा एक साल
हमसे भी पूछो कटा कैसे हमारा एक साल
और तुमने सख़्त मुश्किल में गुज़ारा एक साल
साल का इक–एक पल बीता है बरसों के समान

ऐ श्री धीरेन्द्र जी ! तुम धन्य हो, तुम हो महान
तुम से वीरों से हमारे देश की क़ायम हैं शान

पेशकर्दा : दिलकश बदायूनी, सेकेट्री
बज़्म–ए–इशरत
बदायूँ–यू0पी0

रजिस्ट्री सं० डी- 222 REGISTERED No. D-222

भारत का राजपत्र
The Gazette of India

प्राधिकार से प्रकाशित
PUBLISHED BY AUTHORITY

सं० 24] नई दिल्ली, शनिवार, जून 16, 1973 (ज्येष्ठ 26, 1895)
No. 24] NEW DELHI, SATURDAY, JUNE 16, 1973 (JYAISTHA 26, 1895)

2. स्क्वाड्रन लीडर (अब विंग कमांडर) धीरेन्द्र सिह जाफा,
वी० एम० (4819),
फ्लाइंग (पायलट)

दिसम्बर 1971 मे पाकिस्तान के विरुद्ध संक्रियाओं के दौरान स्क्वाड्रन लीडर धीरेन्द्र सिंह जाफा ने पश्चिमी क्षेत्र में एक लड़ाकू बम वर्षक स्क्वाड्रन में काम किया था। 4 दिसम्बर 1971 को जब शत्रु ने सुसैनीवाला क्षेत्र हमारी एक बटालियन को घेर लिया और वे टैंकों को बहुत करीब ले आये तो उन्होंने इस क्षेत्र में दो वायुयानों की एक टुकड़ी का नेतृत्व किया और 12 बार हमले किये। इन्होंने स्वयं शत्रु के सात टैंक और एक जीप नष्ट की। इस कार्यवाही से शत्रु के आक्रमण को बड़ा धक्का लगा और हमारे घिरे हुए सैनिक कम से कम हानि उठाते हुए, घेरे से निकलने में सफल हो गए। 5 दिसम्बर, 1971 को अह अमृतसर के पश्चिम में एक क्षेत्र से शत्रु हमारे ठिकानों पर लगातार गोलियां बरसा रहा था। शत्रु के तोप ठिकानों पर हमला करने के लिए उन्हें चार वायुयानों के सब सेक्शन लीडर के रूप में भेजा गया। नीचे जमीन से शत्रु की गनों से होने वाली भारी गोली वर्षा के बावजूद, इन्होंने सफल हमले किये और छटे हमले में इनका वायुयान जमीनी गोलीबारी का निशाना बन गया और बहुत कम ऊंचाई से इन्हें वह वायुयान छोड़ना पड़ा।

इस कार्यवाही में स्क्वाड्रन लीडर धीरेन्द्र सिंह जाफा ने उच्चकोटि की वीरता और दृढ़ निश्चय का परिचय दिया।

ऊपर लिखे असाधारण राजपत्रों की प्रतियां नियंत्रक प्रकाशन, सिविल लाइन्स, दिल्ली के नाम मांग-पत्र भेजने पर भेज दी जाएंगी। मांग-पत्र नियंत्रक के पास इन राजपत्रों के जारी होने की तिथि से दस दिन के भीतर पहुंच जाने चाहिएं।

Copies of the *Gazettes Extraordinary* mentioned above will be supplied on indent to the Controller of Publications, Civil Lines, Delhi. Indents should be submitted so as to reach the Controller within ten days of the date of issue of these Gazettes.

101GI/73

विंग कमांडर धीरेन्द्र सिंह जफ़ा को वीर चक्र से सम्मानित करते हुए
महामहिम राष्ट्रपति श्री वी.वी. गिरी

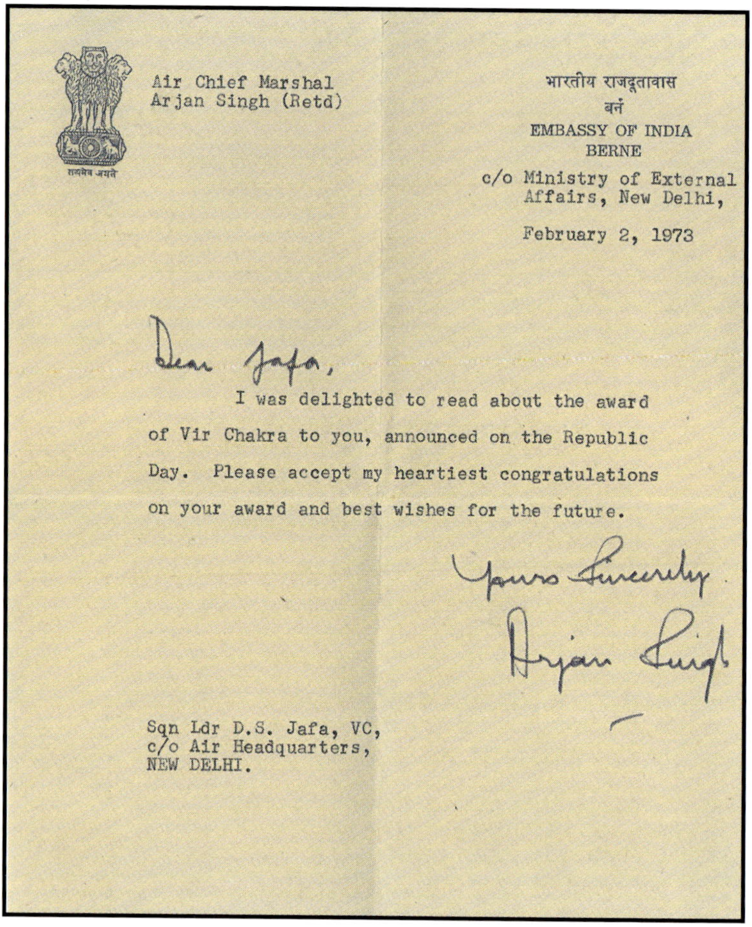

Air Chief Marshal
Arjan Singh (Retd)

भारतीय राजदूतावास
बर्न
EMBASSY OF INDIA
BERNE

c/o Ministry of External
Affairs, New Delhi,

February 2, 1973

Dear Jafa,

I was delighted to read about the award of Vir Chakra to you, announced on the Republic Day. Please accept my heartiest congratulations on your award and best wishes for the future.

Yours Sincerely
Arjan Singh

Sqn Ldr D.S. Jafa, VC,
c/o Air Headquarters,
NEW DELHI.

ADMIRAL S. M. NANDA, PVSM
CHIEF OF THE NAVAL STAFF

NAVAL HEADQUARTERS
NEW DELHI - 11

26th January, 1973.

Dear Jafa,

Please accept my heartiest congratulations on the well merited award of VIR CHAKRA.

With best wishes,

Yours sincerely,

S.M. Nanda

Squadron Leader D.S. JAFA, Vr.C.

समाज रत्न

राष्ट्रीय पुरस्कार

समाज रत्न १९८९

भारत के उपराष्ट्रपति
महामहिम डॉ० शंकर दयाल शर्मा
के कर कमलों से
विंग कमाण्डर धीरेन्द्र सिंह जफा (वीरचक्र) को
साम्प्रदायिक सद्भाव के क्षेत्र में
विशिष्ट योगदान के लिये
वर्ष १९८९ के
राष्ट्रीय पुरस्कार से
सम्मानित किया गया।

डॉ० बलराम जाखड़
पूर्व लोकसभा अध्यक्ष
संरक्षक एवं अध्यक्ष
पुरस्कार चयन समिति
भारतीय कल्याण परिषद

प्रतापराव भोसले
संसद सदस्य (लोक सभा)
अध्यक्ष
भारतीय कल्याण परिषद

घनराज भम्बी
मुख्य संगठक
भारतीय कल्याण परिषद

नई दिल्ली,

दिनांक : शनिवार, ६ अक्तूबर, १९९०
१४ आश्विन, सम्वत् १९१२ शाका

समाज
रत्न
महामहिम डॉ. शंकर दयाल शर्मा
उप–राष्ट्रपति, भारत
द्वारा
विंग कमाण्डर धीरेन्द्र सिंह जफा (वीरचक्र)
को साम्प्रदायिक सद्भाव के क्षेत्र में वर्ष 1989 के
समाज रत्न राष्ट्रीय पुरस्कार से
भारतीय कल्याण परिषद्, नई दिल्ली (भारत)
की ओर से शनिवार 6 अक्टूबर 1990 को सम्मानित किया गया

जफ़ा द्वारा रचित साहित्यिक कृतियाँ

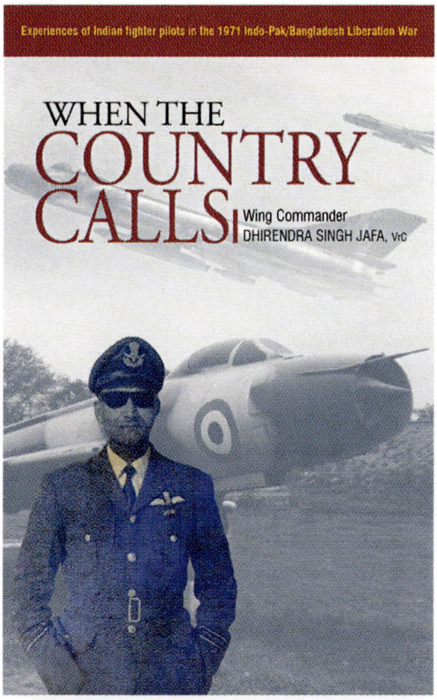

जफ़ा द्वारा रचित साहित्यिक कृतियाँ

सर्वधर्म प्रार्थना सभा (1 मई 2017)

सर्वधर्म प्रार्थना सभा (1 मई 2017)

फैजाबाद–आसपास | फैजाबाद की आवाज 3

देश के लिए न्यौछावर हो गये जफा : विजेंद्र

वायुसेना प्रमुख ने दी दिवंगत विंग कमांडर को श्रद्धांजलि

दैनिक भास्कर | फैजाबाद/अंबेडकरनगर | 12 | लखनऊ

कमांडर जफा को वायुसेना प्रमुख ने दी श्रद्धांजलि

फैजाबाद | हिन्दुस्तान | 04

विंग कमांडर को अर्पित किये श्रद्धा सुमन

lucknow.amarujala.com | फैजाबाद | MY City | 3 मई 2017 | बुधवार | अमर उजाला | अतिक्रमण पर जेसीबी... पेज-3

भुलाए नहीं जा सकते जफा के जौहर : वायुसेना प्रमुख

कैंट स्थित आवास पर आयोजित सर्व धर्म सभा में विभिन्न धर्मों के लोगों ने अर्पित किए श्रद्धासुमन

फैजाबाद जागरण | लखनऊ/अयोध्या (फैजाबाद), 4 मई 2017 | दैनिक जागरण | 7

आयोजन कैंट स्थित आवास हुई सर्वधर्म प्रार्थना सभा

वायुसेना प्रमुख ने दी श्रद्धांजलि

2 | फैजाबाद | लखनऊ | बुधवार • 3 मई • 2017 | सहारा | www.rashtriyasahara.com

वतन पर न्योछावर होने वालों के साथ देश कल भी था, आज भी...

वीर चक्र से सम्मानित विंग कमांडर जफा की याद में सर्वधर्म सभा आयोजित

फैजाबाद आसपास | जनमोर्चा | 05

जफा जैसे वीर पर देश को गर्व

» श्रद्धांजलि सभा में बोले वायुसेना प्रमुख धनुआ

स्वतंत्र भारत | लखनऊ, बुधवार, 3 मई 2017 (5) | फैजाबाद | अम्बेडकरनगर

एयर चीफ मार्शल ने दी विंग कमांडर स्व. धीरेन्द्र सिंह जफा को श्रद्धांजलि

कैंट में उनके तेरहवीं संस्कार में सम्मिलित होने आये थे वायुसेना अधयक्ष

समाचार पत्रों में जफ़ा को श्रद्धांजलि

अयोध्या कैंट क्षेत्र में, सरयू तट पर स्थित गुप्तार घाट

16 दिसम्बर 2019 को विजय दिवस के अवसर पर, शौर्य के प्रतिमान जफ़ा के सम्मान एवं स्मृति में, अयोध्या कैंट में मेमोरियल पार्क का उद्घाटन किया गया।

कमांडेण्ट और स्टेशन कमाण्डर (डोगरा रेजीमेंट सेन्टर, अयोध्या कैंट)
ब्रिगेडियर जे.के.एस विर्क सलामी देते हुए

सलामी देते हुए वायु सेना के सैनिक

जफ़ा के सम्मान एवं स्मृति में अयोध्या कैंट में धीरेन्द्र सिंह जफ़ा मार्ग

WING COMMANDER JAFA PARK
विंग कमाण्डर धीरेन्द्र सिंह जफ़ा
मैमोरियल पार्क
WING COMMANDER DHIRENDRA SINGH JAFA
MEMORIAL PARK
SUPPORT OUR TROOPS

विंग कमाण्डर जफ़ा पार्क
विंग कमाण्डर धीरेन्द्र सिंह जफ़ा
मैमोरियल पार्क
WING COMMANDER DHIRENDRA SINGH JAFA
MEMORIAL PARK
फौज है देश की शान